A PROVIDÊNCIA

QUAESTIONES DISPUTATAE DE VERITATE

QUESTÃO 5

O livro é a porta que se abre para a realização do homem.

Jair Lot Vieira

Tomás de Aquino

A providência

Quaestiones disputatae De Veritate

Questão 5

TRADUÇÃO, EDIÇÃO E NOTAS

PAULO FAITANIN
Doutor em Filosofia Medieval pela Universidad de Navarra (Espanha)
Professor Associado III e Professor do Programa de Pós-Graduação
em Filosofia da Universidade Federal Fluminense – UFF
Pesquisador do *Instituto Aquinate*
Pesquisador do Gabinete de Estudos Medievais
da Universidade do Porto (Portugal)

BERNARDO VEIGA
Doutor em Filosofia pela Universidade Federal do Rio de Janeiro – UFRJ
Mestre em Filosofia pela Unisinos
Membro fundador do *Instituto Aquinate*

edipro

A PROVIDÊNCIA

[QUAESTIONES DISPUTATAE DE VERITATE – QUESTÃO 5]

TOMÁS DE AQUINO

TRADUÇÃO, EDIÇÃO E NOTAS: Paulo Faitanin e Bernardo Veiga

1ª Edição 2016

Logo do Instituto Aquinate: Wood engraving by Reynolds Stone, in Saint Thomas Aquinas, Selected writings, New York: The heritage Press, 1971, p. 1.

Instituto Aquinate

Editores: Jair Lot Vieira e Maíra Lot Vieira Micales
Coordenação editorial: Fernanda Godoy Tarcinalli
Coordenação do Projeto "Questões disputadas": Bernardo Veiga
Editoração: Alexandre Rudyard Benevides
Revisão: Beatriz Rodrigues de Lima
Arte: Karine Moreto Massoca

Dados Internacionais de Catalogação na Publicação (CIP)
(Câmara Brasileira do Livro, SP, Brasil)

Tomás de Aquino, 1225-1274.

A providência: quaestiones disputatae de veritate: questão 5 / Tomás de Aquino; tradução, edição e notas Paulo Faitanin, Bernardo Veiga. – São Paulo : EDIPRO, 2016.

Título original: Quaestiones disputatae de veritate : quaestio 5 : de providentia.

Bibliografia.

ISBN 978-85-7283-976-1

1. Filosofia - Obras anteriores a 1800 2. Teologia - Obras anteriores a 1800 I. Faitanin, Paulo. II. Veiga, Bernardo. III. Título. IV. Série.

16-02348 CDD-189.4

Índice para catálogo sistemático:
1. Tomás de Aquino : Filosofia medieval : 189.4

edipro

São Paulo: Fone (11) 3107-4788 • Fax (11) 3107-0061
Bauru: Fone (14) 3234-4121 • Fax (14) 3234-4122
www.edipro.com.br

SUMÁRIO

Apresentação

TOMÁS DE AQUINO [1225-1274], filósofo e teólogo dominicano, escreveu diversas obras e, entre as mais importantes, contamos as famosas *Questões Disputadas*, fruto de uma metodologia original e própria da atividade acadêmica da universidade medieval. Delas derivam as mais célebres contribuições do Tomismo para a Filosofia e a Teologia. Neste método medieval, Tomás inicia com uma pergunta [questão] e a desenvolve em artigos. Cada questão disputada pode conter diversos artigos. Cada artigo considera uma parte da questão mediante uma pergunta, estando composto por argumentos pró e contra e uma conclusão, na qual aparece a resposta do autor à pergunta elaborada na forma de artigo, que, por sua vez, compõe a questão. Em cada artigo Tomás procede da seguinte maneira: ante a pergunta proposta num artigo da questão, ele a afirma ou nega, expondo em contrário diversos argumentos. Em seguida, toma um ou mais argumentos fortes, que são contrários àqueles diversos raciocínios que se seguiram à pergunta inicial. Então, logo após esses argumentos, ele inicia uma resposta, em conformidade com o que pretende demonstrar, escrevendo no corpo do artigo uma conclusão, que é simultaneamente resposta à pergunta feita inicialmente, e termina esclarecendo as dificuldades ou contradições dos primeiros argumentos expostos.

O *Instituto Aquinate*, em parceria com a editora *Edipro*, continua a empreitada de publicar uma série de textos inéditos, editados em vernáculo, em edição simples, acessível, com breve introdução descritiva e notas à tradução, com o intuito de pouco ou quase nada interferir na obra, deixando o leitor com o mínimo necessário para ele mesmo ir diretamente ao texto de Tomás. A intenção é divulgar não só entre o público acadêmico, mas entre os diversos admiradores do tomismo, as principais ideias do autor contidas nas referidas *Questões Disputadas*. Neste espírito nasce o projeto *Questões Disputadas*. Este projeto é coordenado por Bernardo Veiga (Instituto Aquinate), doutor em Filosofia pela UFRJ. Este livro é uma edição e tradução do Prof. Dr. Paulo Faitanin (UFF) e de Bernardo Veiga.

Este projeto não seria possível sem a cooperação do Prof. Dr. Enrique Alarcón (Universidad de Navarra/Espanha), presidente da *Fundación Tomás de Aquino*, detentora dos direitos de cópia dos textos latinos e mantenedora do *Corpus Thomisticum* [<www.corpusthomisticum.org>]. O estimado professor Alarcón há muito colabora com a *Revista Aquinate* [<www.aquinate.net>] e a ele agradecemos por conceder-nos a permissão para pesquisar e utilizar como base para as traduções a edição latina dos textos contidos no *Corpus*. O texto vertido para o vernáculo também foi cotejado com outras versões, por sinal todas muito úteis para considerar as soluções propostas para certas passagens de difícil compreensão e tradução. Para a configuração das notas de rodapé foi considerado, quando se fez necessário, o aparato bibliográfico das referidas edições latinas do texto e das versões consultadas.

Apresentamos a tradução inédita em português da questão 5 das *Quaestiones disputatae De Veritate*, *A providência*, disposta em 10 artigos. Esta obra é autêntica[1] e data dos três anos do primeiro período de ensino magistral de Tomás em Paris, 1256-1259.[2] Nesta obra, Tomás investiga a natureza da providência, como ela se relaciona com os atributos divinos e com os entes contingentes. Assim, expõe o modo pelo qual ela se estende aos atos humanos e como esses atos são auxiliados ou não pelas substâncias separadas e pelos corpos celestes.

Fontes e repertórios bibliográficos

Outras traduções

Foram consultadas as seguintes versões: SANTO TOMÁS DE AQUINO, *Opúsculos y Questiones selectas.* Edición bilingüe. Coordinador de la obra Antonio Osuna Fernández-Largo. III. Madrid: BAC, 2005, p. 131-206; TOMÁS DE AQUINO, *De Veritate, Cuestión 5. La providencia.* Introducción, traducción y notas de Ángel Luis González. Pamplona: Cuadernos de Anuario Filosófico 114, 2000; SAN TOMMASO D'AQUINO, *Le Questioni Disputate.* Testo latino di S. Tommaso e traduzione italiana. Volume Primo. La Verità. (De Veritate). Questioni 1-9. Bologna: ESD, 1992; SAINT THOMAS D'AQUIN, *De Veritate. Les vingt-neuf questions disputées sur la vérité* (1256-1259). Philosophie et Théologie. Traduction par le frère André Aniorté, O.S.B., moine de l'Abbaye sainte Madeleine du Barroux, 2005-2008. Version Bilingue Latin/Français. Deuxième édition numérique août 2012 [<http://docteurangelique.free.fr>]; THOMAS AQUINAS, *Truth. Questiones Disputatae De Veritate.* Questions 1-9. Translated by Robert W. Schmidt, S.J. Chicago: Henry

1. MANDONNET, P. O.P. *Des écrits authentiques de S. Thomas d'Aquin.* Seconde édition revue et corrigée. Fribourg (Suisse): Imprimerie de l'oeuvre de Saint-Paul, 1910. p. 30; 106; GRABMANN, M. *Die Werke des hl. Thomas von Aquin.* Münster Westf.: Aschendorffsche Verlagsbuchhandlung, 1949. p. 307.
2. TORRELL, J.-P. O.P. *Iniciação a Santo Tomás de Aquino. Sua pessoa e obra.* Tradução Luiz Paulo Rouanet. São Paulo: Edições Loyola, 1999. p. 71-2; 389-90.

Ragnery Company, 1952. Edição em HTML por Joseph Kenny, O.P. [<http://dhspriory.org/thomas/QDdeVer.htm>]. Com relação às referências bíblicas da vulgata latina encontradas no corpo do texto, valemo-nos da *Bíblia de Jerusalém* [Paulus, 2002] para indicá-las, trazendo à luz possíveis esclarecimentos, quando assim for exigido.

Notas

Buscou-se, também, sempre que possível, confrontar os textos dos Padres da Igreja citados por Tomás e encontrados nas Patrologias grega e latina. Para este fim, de um modo geral, tivemos em conta os textos da Patrologia Latina (PL) e da Patrologia Grega (PG) da edição de Migne, disponíveis no site <http://www.documentacatholicaomnia.eu/25_Migne.html>. Para buscar as referências mais detalhadas das obras de Santo Agostinho, consultamos a excelente ferramenta de busca encontrada no site <http://www.augustinus.it/latino/index.htm/>. Ainda assim, quando necessário, pesquisamos a seguinte edição de obras gregas e latinas de diversos autores <http://www.perseus.tufts.edu/hopper/>. Para as obras de ARISTÓTELES e AVERRÓIS foram consultadas as seguintes edições: *Aristotelis Opera* [Ed. Immanuel Bekker. Berlin: Walter de Gruyter & Socios, 1960; AVERROES CORDUBENSIS, *In Aristotelis Opera cum Averrois Cordubensis in eosdem commentariis*. Venetiis: Apud Junctas, 1562-1574 [reimp. Frankfurt, 1962]. Essas e outras obras, como as de Avicena, de Porfírio e de Boécio, foram consultadas em suas edições mais clássicas no seguinte site <http://capricorn.bc.edu/siepm/books.html>. Com relação aos outros autores islâmicos e judeus, citaremos as edições mais usuais. Para as referências de outras obras de Tomás de Aquino, que incluímos em nossa tradução, para uma melhor fundamentação das ideias expostas no corpo do artigo, usamos as seguintes edições impressas das obras de Tomás de Aquino: TOMÁS DE AQUINO, *Suma Teológica*. Coordenação geral da tradução de Carlos-Josaphat Pinto de

Oliveira, O.P., v. I-IX. São Paulo: Edições Loyola, 2001-2006; TOMÁS DE AQUINO, *Suma Contra os Gentios*. Tradução de Dom Odilão Moura, O.S.B., v. I-II. Porto Alegre: Edipucrs/ Est, 1990-1996; SANCTI THOMAE DE AQUINO, *Opera omnia iussu Leonis XIII P.M. edita, t. 22* 3/1. *Quaestiones disputatae De Veritate*. Roma: Ad Sanctae Sabinae/Editori di San Tommaso, 1972; SANCTI THOMAE AQUINATIS, *In decem libros Ethicorum Aristotelis ad Nicomachum expositio*. Editio tertia. Cura et studio P. Fr. Raymundi M. Spiazzi, O.P. Taurini: Marietti, 1964; SANCTI THOMAE AQUINATIS, *Opera Omnia*. Iussu impensaque Leonis XIII. Tomus 3: *Commentaria in Libros Aristotelis De Caelo et Mundo*. Romae: Ex Typographia Polyglotta, 1886; SANCTI THOMAE AQUINATIS, *Opera Omnia*. Iussu impensaque Leonis XIII. Tomus 48 A: *Sententia libri Politicorum*. Romae: Ad Sanctae Sabinae, 1971; SANCTI THOMAE AQUINATIS, *Opera Omnia*. Tomus 6: *Commentum in quatuor libros Sententiarum*. Parmae: Typis Petri Fiaccadori, 1856; SANCTI THOMAE AQUINATIS, *In octo libros Physicorum Aristotelis expositio*. Cura et studio P. M. Maggiòlo, O.P. Taurini: Marietti, 1965; SANCTI THOMAE AQUINATIS, *In Metaphysicam Aristotelis commentaria*. Cura et studio P. Fr. M.-R. Cathala. Taurini: Marietti, 1915; SANCTI THOMAE AQUINATIS, *In Aristotelis librum De anima commentarium*. Editio tertia. Cura et studio P. F. A. M. Pirotta. Taurini: Marietti, 1948; SANCTI THOMAE AQUINATIS, *In librum Beati Dionysii De divinis nominibus expositio*. Cura et studio C. Pera, P. Caramello, C. Mazzantini. Taurini-Romae: Marietti, 1950.

Rodolfo Petrônio
Presidente do Instituto Aquinate

Introdução

Nossa intenção é brevemente expor e analisar a contribuição de Tomás de Aquino [1225-1274] na questão sobre *A providência* tratada em sua obra *De Veritate,*[1] questão 5, estruturada em 10 artigos, como introdução à edição monolíngue que é aqui publicada. Com este estudo pretendemos auxiliar o leitor, primeiro, mostrando algumas noções básicas da visão de Tomás sobre a definição, a natureza e as operações da providência divina; segundo, explicando o método das *Questões Disputadas*; e, por fim, expondo resumidamente cada artigo da questão.

1. A providência

Para entender o que é a *providência* em Tomás de Aquino, serve-nos como ponto de partida o seu conceito comum encon-

---

1. Sobre a data da sua composição e acerca do seu conteúdo doutrinal, assim se expressou Torrell: "As questões disputadas *De Veritate* datam dos três anos do primeiro período de ensino magistral de Tomás em Paris, de 1256 a 1259... Podemos aí perceber dois grandes blocos: a verdade e o conhecimento (qq. 1-20), o bem e o apetite pelo bem (qq. 21-29)", p. 389-390. Cfr. TORRELL, J.-P., O.P. *Iniciação a Santo Tomás de Aquino. Sua pessoa e sua obra.* Tradução Luiz Paulo Rouanet. São Paulo: Edições Loyola, 1999.

trado em léxicos em vernáculo, como no Houaiss: "presciência do futuro para acautelar-se com relação a ele" e, em especial, esta definição: "disposição prévia dos meios necessários para a consecução de um fim, para evitar ou remediar um mal, atender a alguma necessidade".[2]

Os dicionários de filosofia, como o de Lalande e o de Abbagnano, indicam uma noção mais específica, mas não contrária à dos dicionários de língua portuguesa: "ação que Deus exerce sobre o mundo como vontade que conduz os acontecimentos para os seus fins".[3] Já o de Abbagnano destaca: "a noção de providência faz parte integrante do conceito de Deus como criador da ordem do mundo ou como sendo Ele mesmo esta ordem".[4]

A mais indicativa noção de providência é a que oferece Mondin: "consiste na solicitude paterna e amorosa com a qual Deus segue os acontecimentos de cada criatura e de todo o universo, e na assistência constante que presta a eles a fim de que possam realizar a perfeição do próprio ser".[5] Percebe-se que a definição filosófica, sem contrariar a noção comum, indica acepções teológicas, tais como "ação divina", "amor divino", "vontade divina", "criador", "governo divino", "ordem do mundo" etc.

Os dicionários teológicos, como o clássico de Bertetti, ou o de Martínez Puche, entre outros, com base no pensamento tomasiano, ressaltam ainda mais a providência como relacionada a algum atributo divino: "cada bem que há na coisa criada é dado por Deus... e se ordena ao fim último que é a bondade divina...

2. *Dicionário Houaiss da língua portuguesa*. Instituto Antônio Houaiss. 1. ed. Rio de Janeiro: Objetiva, 2001. p. 2.321b.

3. LALANDE, A. *Vocabulário Técnico e Crítico da Filosofia*. Tradução de Fátima Sá Coimbra et al. 3. ed. São Paulo: Martins Fontes, 1999. p. 880.

4. ABBAGNANO, N. *Dicionário de Filosofia*. Tradução de Alfredo Bosi. 4. ed. São Paulo: Martins Fontes, 2000. p. 806.

5. MONDIN, B. *Dizionario enciclopedico del pensiero di San Tommaso D'Aquino*. 2. ed. Bologna: ESD, 2000. p. 558.

e a providência consiste na onisciência divina que ordena a criatura para o fim".[6]

Todas essas noções aparecem na definição de providência dada por Tomás de Aquino, que diz:

> É necessário afirmar a providência em Deus. Tudo o que é bom nas coisas foi criado por Deus... Nas coisas encontra-se o bem, não só com respeito à substância delas, mas também com respeito à ordenação para o fim e, sobretudo, ao fim último, que é... a bondade divina. O bem da ordem, que se encontra nas coisas criadas, foi criado por Deus. Como Deus é causa das coisas por seu intelecto, a razão dos seus efeitos tem de preexistir n'Ele... assim, é necessário que a razão segundo a qual as coisas são ordenadas ao fim preexista na mente divina. Ora, a razão do que tem de ser ordenado a um fim é precisamente a providência.[7]

Em Tomás a *providência* se refere, ao mesmo tempo, ao intelecto e à vontade, como atributo da natureza divina relativo à Sabedoria e à Vontade divinas, cuja operação própria é ordenar cada coisa para o seu fim último, que é a própria bondade divina. Da inteligência deriva a ciência das coisas e, por outro lado, da vontade deriva a ordem que estabelece o governo de todo universo, para que toda criatura chegue à perfeição própria do seu ser.[8]

Segundo Tomás, o mundo é regido pela providência[9] e estende-se a todas as criaturas, inclusive às corruptíveis,[10] sejam os corpos inferiores em seus movimentos e ações,[11] desde os elementos que se misturam e se dissolvem para a geração dos corpos do céu

6. BERTETTI, G. *I Tesori di S. Tommaso D'Aquino*. Torino: Tipografia della Società Editrice Internazionale, 1934. p. 513-4; MARTÍNEZ PUCHE, J. A. *Diccionário Teológico de Santo Tomás*. Madrid: Edibesa, 2003. p. 716-7.
7. TOMÁS DE AQUINO, *Sum. Theo.* I, q. 22, a. 1, resp.
8. TOMÁS DE AQUINO, *De Veritate*, q. 5, a. 1, resp.
9. TOMÁS DE AQUINO, *De Veritate*, q. 5, a. 2, resp.
10. TOMÁS DE AQUINO, *De Veritate*, q. 5, a. 3, resp.
11. TOMÁS DE AQUINO, *De Veritate*, q. 5, a. 4, resp.

e da terra; sejam as plantas e os animais irracionais,[12] porque em todas essas criaturas são encontrados vestígios da bondade divina.

E, por maior força de razão, o homem,[13] criado à imagem e semelhança de Deus, tem seus atos regidos pela providência em uma perfeita coordenação entre o princípio que rege seu corpo, seu livre-arbítrio e a providência divina, para que toda ação humana se dirija para o seu fim próprio, que é a bondade divina, e, ainda que por sua eleição o homem faça o mal, a providência, previdente, tira desse mal um bem ainda maior, muitas vezes não perceptível e entendido pela finita inteligência humana, no oceano da sabedoria e da vontade divinas. Mas a escolha sempre será humana, pois a providência e a graça que se lhe seguem não aniquilam a liberdade humana.

Por isso nem os pecadores escapam da providência divina, para que nada, para além da justiça divina, ocorra-lhes contrário ao bem da dignidade humana, e tudo que lhes ocorra conduza-lhes para o bem.[14] E, para tanto, Deus se vale dos santos e dos anjos não só para cumprir Sua justiça ante os pecadores, mas também para o governo do mundo inteiro.[15] De igual modo, os corpos celestes são usados como instrumentos para conduzir a ordem dos corpos inferiores, pela influência da sua força sobre os elementos que constituem os corpos inferiores.[16]

No entanto, os atos humanos não são governados pela divina providência mediante os corpos celestes, pois os atos humanos nascem da livre eleição da vontade, cuja natureza é imaterial, por ser potência da alma imortal humana. Desse modo, as potências materiais dos corpos celestes não influem na potência espiritual volitiva humana, criada à imagem e semelhança de Deus. Razão

12. TOMÁS DE AQUINO, *De Veritate*, q. 5, a. 6, resp.
13. TOMÁS DE AQUINO, *De Veritate*, q. 5, a. 5, resp.
14. TOMÁS DE AQUINO, *De Veritate*, q. 5, a. 7, resp.
15. TOMÁS DE AQUINO, *De Veritate*, q. 5, a. 8, resp.
16. TOMÁS DE AQUINO, *De Veritate*, q. 5, a. 9, resp.

pela qual tais corpos celestes podem exercer certa influência, limitada quanto à materialidade do corpo, porém, não sobre os atos humanos, emergidos de uma vontade livre.[17]

2. Breve explicação do método das *Questões Disputadas*

O que são as *Questões Disputadas*? Durante a Escolástica, sobremaneira nas universidades do século XIII, para o desempenho de suas atividades acadêmicas, os professores compunham, mediante exaustivas pesquisas, suas obras para serem lidas e analisadas em suas aulas, no exercício da docência. Para compô-las, os professores utilizavam diferentes métodos: comentar, expor, reunir sentenças, fazer sumas etc., cada qual com uma finalidade própria, mas todas para atender as duas formas mais usuais de ensino: a *lectio*, que consistia na leitura e no comentário de um texto e a *disputatio*, que consistia na disputa de uma *quaestio*.[18]

Uma *quaestio* pode estar relacionada a muitas outras questões, derivadas dela. Este é o caso da questão sobre a Verdade, que leva consigo muitas outras questões relativas ao tema. Por esta razão, o tema sobre a verdade – *De Veritate* – reúne sobre si muitas questões – *Quaestiones* – que ao longo da exposição do tema serão examinadas ou disputadas – *Disputatae* – com muitos argumentos que se possam aduzir *pro* (pró) e *contra*, seguida de uma proposta de solução. Esta é a explicação para o nome desta obra: *Quaestiones disputatae De Veritate*, cuja questão 5, *A providência*, está estruturada em 10 artigos, em que cada artigo reúne argumentos *pro* e *contra*, disputa a questão sobre a providência.

Cada título de artigo da questão em jogo era proposto em forma de pergunta, por exemplo: *A qual dos atributos divinos se reduz a providência?* Seguia-se à pergunta uma proposta de

17. TOMÁS DE AQUINO, *De Veritate*, q. 5, a. 10, resp.

18. ABBAGNANO, N. *História da Filosofia*. v. 3. Lisboa: Editorial Presença,1999. p. 9.

resposta contrária ao que se queria demonstrar, ou seja, uma resposta do tipo: *Parece que não*. Propunham isso para dar lugar primeiro aos argumentos contrários à pergunta, e tais argumentos contrários eram denominados de objeções. Antes de proporem uma solução à pergunta feita, eram sugeridos alguns poucos argumentos contrários às objeções e a favor de uma resposta afirmativa à pergunta que intitula o artigo. Logo depois, propunha-se uma resposta, às vezes breve, outras vezes longa, que afirmava a pergunta. E, por fim, respondia-se a cada uma das objeções.

Os argumentos *pro* e *contra* que constituíam um artigo eram estruturados silogisticamente, a partir de um raciocínio aparentemente verdadeiro que era retirado da obra de alguma autoridade, fosse filosófica, teológica ou mesmo a Bíblia. Em geral, eram silogismos compostos por três premissas: a maior, a menor e a conclusão. Em cada argumento, no geral, era citada a fonte, exceto se fosse de conhecimento comum. Mas, ainda assim, era comum citar a fonte, mesmo se ela fosse bem conhecida.

3. Exposição resumida dos artigos da questão *A providência*

A qual dos atributos divinos se reduz a providência? Neste primeiro artigo, os argumentos *contra* defendem basicamente a tese de que a providência apenas se reduz ao atributo da ciência divina, porque prover supõe saber (onisciência), e a vontade, o poder realizar (onipotência). Tomás esclarece que o fim das coisas que devem ser feitas preexiste no intelecto divino, mas a execução é pela vontade. Desse modo, seu conhecimento é pelo intelecto e sua execução pela vontade. Razão pela qual a providência reduz-se à onisciência (intelecto) e à onipotência (vontade).[19]

O mundo é regido pela providência? Neste segundo artigo, o principal argumento *contra* defende a tese de que a natureza do

19. TOMÁS DE AQUINO, *De Veritate*, q. 5, a. 1, resp.

mundo é regida pelos seus próprios princípios. Tomás responde que os princípios que ordenam o mundo para o seu fim não se sustentam por si mesmos, razão pela qual necessitam de um governo que provê o que falta para que chegue ao seu fim.[20]

A providência divina se estende às coisas corruptíveis? Neste terceiro artigo, argumenta-se *contra* que é contraditório que Deus providencie algo para o que está destinado a seguir o rumo de sua natureza corruptível. Tomás responde que Deus é o criador de tudo o que é corruptível, e não há contradição que haja providência para que mesmo em sua corruptibilidade algo criado chegue ao seu fim próprio por sua própria corruptibilidade.[21]

Todos os movimentos e ações dos corpos inferiores estão submetidos à providência divina? Neste quarto artigo, o argumento *contra* sustenta que se Deus não for autor do mal, não será providente em relação àquelas ações dos corpos inferiores geradores do mal. Tomás, porém, destaca que as ações que geram algum mal, como a corrupção de corpos, ou ainda os movimentos que causam catástrofes, não fogem à providência divina, porque tais movimentos e ações seguem os princípios de suas naturezas e, ainda que por tais movimentos gerem algum mal, estes não fogem o curso do bem a que Deus provê para tais corpos, pois são como instrumentos menos perfeitos para a execução e o alcance de um bem ainda maior para aquilo que servem de instrumentos.[22]

Os atos humanos são regidos pela providência? Neste quinto artigo, os argumentos *contra* sustentam que, por possuir livre-arbítrio, o homem não é regido pela providência em seus atos. Tomás afirma que o fato de o homem possuir o livre-arbítrio não anula nem impede que a providência governe seus atos, pois justamente por seus atos pode se afastar do bem para o qual seu livre-arbítrio se direciona. Portanto, Deus providencia bens ne-

20. TOMÁS DE AQUINO, *De Veritate*, q. 5, a. 2, resp.
21. TOMÁS DE AQUINO, *De Veritate*, q. 5, a. 3, resp.
22. TOMÁS DE AQUINO, *De Veritate*, q. 5, a. 4, resp.

cessários para que, mediante o livre-arbítrio, o homem, por seus atos, chegue à plenitude de sua natureza.[23]

Os animais irracionais e seus atos estão submetidos à providência divina? Neste sexto artigo, os argumentos *contra* apontam para o fato de que os animais não serão bem-aventurados, nem vão contemplar a Deus, pois isso é próprio do homem criado à imagem de Deus. Tomás diz que toda criatura recebe a providência divina, inclusive os animais, para que cheguem à perfeição para a qual foram criados. São bens que não apenas ornam a natureza, mas também servem para a consecução do bem do homem, enquanto o homem se encontra nesta vida.[24]

Os pecadores são governados pela providência divina? Neste sétimo artigo, o argumento *contra* principal defende que o pecador, porque se abandona a si mesmo por causa do pecado e porque Deus premia os bons e castiga os maus, não é governado pela providência divina. Tomás responde dizendo que ninguém castiga de modo justo a alguém que não esteja submetido a Seu governo. O castigo do mau é justo, em razão do pecado. Portanto, mesmo o pecador está submetido à providência divina.[25]

Toda criatura corporal é governada pela providência divina mediante a criatura angélica? Neste oitavo artigo, o argumento *contra* defende a tese de que quem cria a criatura corporal a governa, pois não é conveniente que quem crie não governe a criatura corporal, muito menos que fosse governada pela criatura angélica, que são causas segundas. Tomás responde dizendo que a causa primeira não subtrai da causa segunda sua própria operação, mas a aperfeiçoa e fortifica. O próprio do anjo é o cuidado e o auxílio para que se cumpra o governo divino. Ora, se Deus governasse tudo de modo imediato, as causas segundas não reali-

23. TOMÁS DE AQUINO, *De Veritate*, q. 5, a. 5, resp.
24. TOMÁS DE AQUINO, *De Veritate*, q. 5, a. 6, resp.
25. TOMÁS DE AQUINO, *De Veritate*, q. 5, a. 7, resp.

zariam nenhuma operação, o que contradiria a existência e a função da causalidade segunda. Logo, Deus governa as criaturas corporais inferiores mediante as criaturas espirituais superiores.[26]

A providência divina dispõe os corpos inferiores pelos corpos celestes? Neste nono artigo, o principal argumento *contra* defende a tese de que, se a causalidade dos corpos celestes dispusesse os corpos inferiores, encontrar-se-iam os seus efeitos superiores nos corpos inferiores, o que não ocorre, porque o Sol não se corrompe. Tomás responde que os raios do sol produzem a geração, a vida, a nutrição e o crescimento de corpos inferiores, como os de vida vegetativa. Logo, a providência divina dispõe os corpos inferiores pelos corpos celestes.[27]

Os atos humanos são governados pela providência divina mediante os corpos celestes? Neste décimo artigo, o argumento *contra* defende principalmente a tese de que a alma unida ao corpo imita a compleição do corpo, por meio da qual os corpos celestes influenciam o homem. Tomás responde que os corpos celestes não influenciam nos atos humanos, porque esses resultam da eleição da vontade livre, sobre a qual tais corpos não exercem influência alguma, uma vez que o livre-arbítrio é uma potência espiritual da alma.[28]

4. Conclusão

Para Tomás, a providência é um atributo relativo à inteligência e à vontade divinas, pela qual Deus governa o mundo providenciando o que falta a toda natureza diversa que existe nele, para que cada qual, ao seu modo, alcance o fim próximo, que é o bem da própria natureza, e, mediante isso, possa auxiliar o homem, instrumentalmente, suprindo-lhe as suas necessidades,

26. TOMÁS DE AQUINO, *De Veritate*, q. 5, a. 8, sed contra 9.
27. TOMÁS DE AQUINO, *De Veritate*, q. 5, a. 9, sed contra 2.
28. TOMÁS DE AQUINO, *De Veritate*, q. 5, a. 10, resp.

nesta vida, para que ele alcance o fim remoto, que é a beatitude, na próxima vida.

Deus também pode provir diretamente sobre a alma do homem dando-lhe graças para que fortaleça e aperfeiçoe sua alma no caminho da santidade. Desse modo, podemos dizer que tudo segue o governo e a ordem divinos, mesmo as causas segundas, quando falham, por deficiência de sua própria natureza. Pois Deus pode provir para que do mal adveniente dessa deficiência possa retirar um bem maior, em favor do homem.

E, inclusive, quando o homem peca, Deus não o abandona, pois o castigo no tempo é remédio para curar a enfermidade do pecado, razão pela qual nem os justos nem os pecadores deixam de receber o auxílio da providência divina, que tudo vê e provê, para que o homem possa alcançar seu fim último, que é a própria bondade divina.

Paulo Faitanin e
Bernardo Veiga

Questão 5*

A providência

*. Tradução baseada no texto Taurino, *Quaestiones disputatae De Veritate*, q. 5, editado em 1953, transferido automaticamente por Roberto Busa, S.J., para fitas magnéticas e de novo revisto e ordenado por Enrique Alarcón. Disponível em: <www.corpusthomisticum.org>.

Proêmio

E, primeiro, a qual dos atributos divinos se reduz a providência.

Segundo, se o mundo é regido pela providência.

Terceiro, se a providência divina se estende às coisas corruptíveis.

Quarto, se todos os movimentos e ações dos corpos inferiores estão submetidos à providência divina.

Quinto, se os atos humanos são regidos pela providência.

Sexto, se os animais irracionais e seus atos estão submetidos à providência divina.

Sétimo, se os pecadores são governados pela providência divina.

Oitavo, se toda criatura corporal é governada pela providência divina mediante a criatura angélica.

Nono, se a providência divina dispõe os corpos inferiores pelos corpos celestes.

Décimo, se os atos humanos são governados pela providência divina mediante os corpos celestes.

Artigo 1

E, primeiro, pergunta-se a qual dos atributos divinos se reduz a providência[1]

E parece que apenas à ciência.

1. Outros lugares: *In I Sent.* d. 39, q. 2, a. 1; *STh.* I, q. 22, a. 1.

Argumentos[2]

1. Porque, como diz Boécio no Livro IV de *A Consolação da filosofia*:[3] *é certamente manifesto que a providência é a forma simples e imóvel das coisas que serão geradas*. Ora, a forma das coisas que serão produzidas em Deus é a ideia, que pertence à ciência. Logo, também a providência pertence à ciência.

2. Mas se poderia dizer que a providência pertence à vontade também enquanto é causa das coisas. – Mas, ao contrário, em nós a ciência prática é causa das coisas conhecidas. Ora, a ciência prática está só no conhecimento. Portanto, também a providência.

---

2. Na edição Taurini, reproduzida por Enrique Alarcón, não há esta divisão que ora propomos: *Argumenta*. O intuito é orientar o leitor quanto à dinâmica da argumentação da exposição do Aquinate. De igual modo, não há notas de rodapé na referida edição latina.

3. BOÉCIO, *De Consolatione Philosophiae*, IV, prosa 6: PL 63, 816 A.

3. Além do mais, Boécio[4] diz no Livro citado: *o modo das coisas que serão produzidas, quando se o considera na mesma pureza da inteligência divina, denomina-se providência.* Ora, a pureza da inteligência parece pertencer ao conhecimento especulativo. Logo, a providência pertence ao conhecimento especulativo.

4. Além do mais, Boécio diz, no Livro I de *A Consolação da Filosofia*,[5] que se chama providência *por isso que é constituída distantemente das coisas ínfimas, de modo que observa tudo como pelo excelso das coisas.* Ora, observar é próprio do conhecimento e principalmente do especulativo. Logo, a providência parece pertencer de maneira especial ao conhecimento especulativo.

5. Além do mais, diz Boécio, no Livro IV de *A Consolação da Filosofia*,[6] que assim como o raciocínio pertence ao intelecto, igualmente o fato pertence à providência. Ora, tanto o intelecto quanto o raciocínio pertencem de modo comum ao conhecimento especulativo e ao prático. Logo, também a providência.

6. Além do mais, diz Agostinho, no livro *Das 83 questões*,[7] que *a lei incomunicável dirige com admirável governo todas as coisas mutáveis.* Ora, governar e dirigir pertencem à providência. Logo, a lei incomunicável é a própria providência. Ora, a lei pertence ao conhecimento. Logo, também a providência.

7. Além do mais, a lei natural em nós é causada pela providência divina. Ora, a causa para produzir seu efeito atua por via

---

4. BOÉCIO, *De Consolatione Philosophiae*, IV, prosa 6: PL 63, 814 A.
5. BOÉCIO, *De Consolatione Philosophiae*, IV. prosa 6: PL 63, 860 B.
6. BOÉCIO, *De Consolatione Philosophiae*, IV, prosa 6: PL 63, 817 A.
7. AGOSTINHO, *LXXXIII Quaestionum*, 27: PL 40, 18.

de semelhança. Por isso, dizemos que a bondade de Deus é causa da bondade nas coisas, e a essência do ser e a vida do viver. Logo, a providência divina é uma lei. E, assim, o mesmo que antes.

8. Além do mais, Boécio diz, no Livro IV de *A Consolação da filosofia*,[8] que *a providência é a mesma razão divina constituída no Sumo Soberano de todas as coisas*. Ora, a razão da coisa em Deus é uma ideia, como se diz no livro *Das 83 questões*.[9] Logo, a providência é uma ideia. Ora, a ideia pertence ao conhecimento. Logo, também a providência.

9. Além do mais, a ciência prática se ordena ou a produzir as coisas no ser, ou a ordenar as coisas já produzidas. Ora, produzir as coisas não é próprio da providência, porque a providência pressupõe as coisas a prover e, de modo semelhante, tampouco ordenar as coisas produzidas, porque isso pertence à disposição. Logo, a providência não pertence ao conhecimento prático, mas apenas ao especulativo.

Ao contrário[10]

1. Parece que pertence à vontade, porque, como diz Damasceno[11] no Livro II, *a providência é a vontade de Deus, pela qual todas as coisas que existem recebem uma direção adequada*.

2. Além do mais, àqueles que sabem o que se deve fazer e, porém, não o fazem, não os chamamos providentes. Logo, a providência se refere mais à vontade do que ao conhecimento.

8. BOÉCIO, *De Consolatione Philosophiae*, IV, prosa 6: PL 63, 814 B.
9. AGOSTINHO, *LXXXIII Quaestionum*, 46: PL 40, 30.
10. Na edição Taurini reproduzida por Enrique Alarcón não há esta divisão que ora propomos: *Sed contra*. O intuito é orientar o leitor quanto à dinâmica da argumentação da exposição do Aquinate.
11. JOÃO DAMASCENO, *De fide*, II, c. 29: PG 94, 964 A.

3. Além do mais, assim como diz Boécio, no Livro IV de *A Consolação da Filosofia*,[12] Deus governa o mundo por sua bondade. Ora a bondade pertence à vontade. Logo, também a providência, cuja ação é governar.

4. Além do mais, dispor não é próprio da ciência, mas da vontade. Ora, segundo Boécio, no Livro IV de *A Consolação da Filosofia*,[13] a providência é a razão por meio da qual Deus dispõe todas as coisas. Logo, a providência pertence à vontade, não ao conhecimento.

5. Além do mais, o provido, como provido, não é sábio, ou conhecido, mas é bom. Logo, nem o provídente, como providente, é sábio, mas bom. E, assim, a providência não pertence à sabedoria, mas à bondade, ou à vontade.

6. Mas, novamente, parece que a providência pertence à potência, porque diz Boécio no Livro III de *A Consolação da Filosofia*:[14] *a providência proporcionou às coisas que foram criadas uma suprema causa de conservação, de modo que, na medida em que podem, desejam por natureza permanecer*. Logo, a providência é princípio da criação. Ora, a criação se atribui à potência. Logo, a providência pertence à potência.

7. Além do mais, o governo é um efeito da providência, como se diz em Sb 14,3: *é a tua Providência, ó Pai, que o governa*. Ora, assim como diz Hugo no livro *Sobre os sacramentos*,[15] a vontade é a que impera, a ciência a que dirige, a potência

12. BOÉCIO, *De Consolatione Philosophiae*, IV, prosa 6: PL 63, 817 B e 820 B.

13. BOÉCIO, *De Consolatione Philosophiae*, IV, prosa 6: PL 63, 814 B.

14. BOÉCIO, *De Consolatione Philosophiae*, III, prosa 11: PL 63, 774 B.

15. HUGO DE SÃO VÍTOR, *De sacramentis*, I, p. II, c. 6 e 22: PL 176, 208 B e 216 C.

a que executa. E, assim, a potência é mais próxima ao governo do que a ciência ou a vontade. Logo, a providência pertence mais à potência do que à ciência ou à vontade.

Respondo[16]

Respondo dizendo que as coisas que nós podemos entender de Deus, não podemos entendê-las senão por meio das coisas que existem em nós, por causa da debilidade de nosso intelecto. E, por isso, para saber como é a providência em Deus, deve-se ver como a providência existe em nós. Portanto, deve-se saber que Cícero, no Livro II da *Retórica antiga*,[17] estabelece a providência como parte da prudência, e é parte da prudência como completiva. Porque as outras duas partes, a saber, a memória e a inteligência, não são senão certas preparações para o ato da prudência. Contudo, a prudência, segundo o Filósofo, no Livro VI da *Ética*,[18] é "a reta razão do agir". E o agir difere do fazer, porque se chama fazer o que procede de um agente para uma matéria exterior, como fazer um banco e uma casa. E a reta razão de tais coisas é a arte. Mas se chama agir o que não sai do agente, pois é ato que aperfeiçoa o agente, como viver de modo casto, de modo paciente e coisas semelhantes. E a reta razão dessas coisas é a prudência. Mas nessas ações devem-se considerar duas coisas, a saber, o fim e o que é relativo ao fim. Portanto, a prudência dirige principalmente aquelas coisas que são relativas ao fim. Por isso, chama-se prudente a alguém que delibera bem, como se diz no Livro VI da *Ética*.[19] No entanto, a deliberação não é sobre o fim, mas sobre essas coisas que são relativas ao fim, co-

16. Na edição Taurini reproduzida por Enrique Alarcón não há esta divisão que ora propomos: *Respondeo*. O intuito é orientar o leitor quanto à dinâmica da argumentação da exposição do Aquinate.

17. CÍCERO, *De inventione*, II, c. 53, n. 160.

18. ARISTÓTELES, *Ethica Nicomachea*, VI, c. 4, 1140b4 e 20. [*Ética a Nicômaco*, obra publicada em *Clássicos Edipro*. (N.E.)]

19. ARISTÓTELES, *Ethica Nicomachea*, VI, c. 4 e c. 6, 1140a26 e 1141b9.

mo se diz no Livro III da *Ética*.[20] Ora, o fim do agir preexiste em nós de dois modos. Um modo, por conhecimento natural sobre o fim do homem, conhecimento natural que, de fato, pertence ao intelecto, segundo o Filósofo no Livro VI da *Ética*,[21] que se refere tanto aos princípios práticos como também aos especulativos, porém os princípios práticos são os fins, como se encontra no mesmo livro.[22] Outro modo, quanto aos afetos e, assim, os fins das ações estão em nós por meio das virtudes morais, pelas quais o homem possui a disposição para viver de modo forte, ou temperante, que é como o fim próximo das ações. E de modo semelhante, aperfeiçoamo-nos com relação àquelas coisas que são relativas ao fim, e quanto ao apetite por eleição. E nessas coisas pelas quais se dirigem por prudência. Logo, é claro que é próprio da prudência dispor algumas coisas ordenadamente para o fim. E porque essa disposição das coisas relativas ao fim, pela qual a prudência se dá por meio de um tipo de raciocínio, cujos princípios são fins (deles, pois, procede toda a razão da ordem dita nas coisas operáveis, como fica evidente nas coisas artificiais), por isso, para que alguém seja prudente, requer-se que esteja bem disposto com relação aos mesmos fins. Com efeito, não pode existir uma razão reta, a não ser que se guardem os princípios da razão. E, por isso, para a prudência se requer tanto o conhecimento dos fins, quanto as virtudes morais, com os quais o afeto é retamente posto no fim. E, por causa disso, é necessário que todo homem prudente seja virtuoso, como se diz no Livro VI da *Ética*.[23] Contudo, em todas as forças e atos da alma é comum que a virtude do primeiro se conserve nos seguintes. E, por isso, na prudência de algum modo estão incluídos tanto a vontade que se refere ao fim, como o conhecimento do fim. Portanto, do

20. ARISTÓTELES, *Ethica Nicomachea*, III, c. 5, 1112b11.
21. ARISTÓTELES, *Ethica Nicomachea*, VI, c. 9, 1143a35.
22. ARISTÓTELES, *Ethica Nicomachea*, VI, c. 4, 1140b16.
23. ARISTÓTELES, *Ethica Nicomachea*, VI, c. 11, 1144b32.

que foi dito, fica claro de que modo a providência se relaciona com as outras coisas que se afirmam de Deus. Com efeito, a ciência se relaciona comumente com o conhecimento do fim e com as coisas que são relativas ao fim, pois pela ciência Deus conhece a si mesmo e as criaturas. Ora, a providência pertence apenas ao conhecimento das coisas que são relativas ao fim, na medida em que se ordenam ao fim. E, por isso, a providência em Deus inclui tanto a ciência como a vontade, mas permanece essencialmente no conhecimento, não certamente no especulativo, mas no prático. Contudo, a potência executiva pertence à providência. Por isso, o ato da potência pressupõe o ato da providência, como dirigente. Portanto, na providência não se inclui a potência, como se inclui a vontade.

Respostas aos argumentos[24]

1. Respondo, portanto, dizendo que na coisa criada duas coisas podem ser consideradas, a saber, sua própria espécie de modo absoluto e sua ordem ao fim. E a forma de cada uma preexistiu em Deus. Logo, a forma exemplar da coisa, segundo sua espécie de modo absoluto é a ideia, mas a forma da coisa enquanto é ordenada ao fim é a providência. Mas a própria ordem impressa nas coisas pela providência divina é denominada destino[25] por Boécio.[26] Por isso, assim como a ideia se refere à espécie da coisa, assim a providência se refere ao destino. E, porém, ainda que a

---

24. Na edição Taurini reproduzida por Enrique Alarcón não há esta divisão que ora propomos: *Responsiones ad argumenta*. O intuito é, conforme dito, orientar o leitor quanto à dinâmica da argumentação da exposição do Aquinate.

25. Tomás dedicou toda uma questão ao tema "destino": *STh.*, I, q. 116, a. 1, arg. 1: "as coisas realizadas pelo destino foram preditas anteriormente por alguém que as determina"; a. 2, c.: "A disposição dos efeitos... considerada a partir das causas intermediárias, dispostas por Deus em vista de alguns efeitos, assim tem a noção de destino".

26. BOÉCIO, *De Consolatione Philosophiae*, IV, prosa 6: PL 63, 815 A e 816 A.

ideia possa pertencer de algum modo ao conhecimento especulativo, porém a providência apenas pertence ao prático. Por isso, implica a ordem ao fim, e assim à ação pela qual se alcança o fim.

2. Respondo dizendo que a providência pertence mais à razão de vontade do que a ciência prática considerada de modo absoluto, pois a ciência prática considerada absolutamente se refere comumente ao conhecimento do fim e daquelas coisas que são relativas ao fim. Por isso, não pressupõe a vontade do fim, de maneira que se inclua de algum modo a vontade na ciência, como foi dito sobre a providência.

3. Respondo dizendo que a pureza da inteligência não se diz em relação à exclusão da vontade, mas para a exclusão da mutabilidade e variação pela providência.

4. Respondo dizendo que o Boécio com essas palavras não estabelece a noção completa de providência, mas assinala a razão do nome. Por isso, ainda que o ver possa pertencer ao conhecimento especulativo, não, porém, segue-se que pertence à providência. E, além do mais, segundo isso, Boécio expõe a providência como um ver de longe, porque o próprio Deus contempla todas as coisas do cume excelso das coisas. Contudo, segundo isso, Ele está acima, no cume excelso das coisas que causa e ordena todas as coisas. E, assim, também nas palavras de Boécio pode-se notar algo que se refira ao conhecimento prático.

5. Respondo dizendo que essa comparação de Boécio se toma segundo a similitude de proporção do simples ao composto, e do quieto ao móvel, pois, assim como o intelecto é simples e sem discurso, e a razão, porém, discorre sobre diversas coisas, assim também a providência é simples e imóvel, enquanto que o destino é múltiplo e variável. Por isso, não se segue o argumento.

6. Respondo dizendo que a providência em Deus não designa a lei eterna, mas algo que é consequente à lei eterna. Com efeito, a lei eterna deve ser considerada em Deus, assim como se tomam em nós os princípios naturalmente evidentes das operações a partir dos quais procedemos para deliberar e eleger, que é próprio da prudência e da providência. Por esse modo, a lei de nosso intelecto se relaciona com a prudência tal como um princípio indemonstrável se relaciona com a demonstração. E, de modo semelhante, também em Deus a lei eterna não é a própria providência. Por isso, também de modo conveniente à lei eterna se atribui o ato de providência, assim como também todo efeito de demonstração se atribui aos princípios indemonstráveis.

7. Respondo dizendo que nos atributos divinos encontramos uma dupla razão de causalidade. Uma, por via de exemplaridade, como quando dizemos que do primeiro vivente procedem todas as coisas vivas, e essa razão de causalidade é comum a todos os atributos. A outra razão é segundo a ordem ao objeto atribuído, enquanto dizemos que a potência é causa dos possíveis, e a ciência das coisas conhecidas. E conforme esse modo de causalidade não é necessário que o causado tenha semelhança com a causa, pois não é necessário que tudo feito pela ciência seja ciência, mas que seja objeto da ciência. E, por esse modo, a providência de Deus se estabelece como causa de tudo; por isso, ainda que da providência proceda a lei natural de nosso intelecto, não se segue que a providência divina seja a lei eterna.

8. Respondo dizendo que essa razão constituída no Sumo Soberano não se diz providência, a não ser que se acrescente a ordem ao fim, a que se pressupõe uma vontade de fim. Por isso, ainda que a providência pertença essencialmente ao conhecimento, porém, de algum modo, inclui a vontade.

9. Respondo dizendo que nas coisas pode considerar-se dupla ordem. Uma, de acordo com o que provém do princípio. Outra, enquanto se ordena ao fim. Portanto, a disposição pertence a essa ordem segundo a qual as coisas procedem do princípio. Diz-se, porém, que algumas coisas estão dispostas conforme estão colocadas por Deus em diversos graus, assim como o artesão, de diversos modos, coloca as partes de sua obra. Por isso, a disposição pertence à arte. Ora, a providência implica consigo a ordem que é relativa ao fim. E, assim, a providência difere da arte divina e da disposição, porque a arte divina se refere à produção das coisas, mas a disposição à ordem das coisas produzidas. E a providência diz a ordem ao fim. Ora, porque do fim do artefato se colige tudo o que está nele, mas a ordem é mais próxima ao fim do que a ordem das partes entre si e, de algum modo, é sua causa. Por isso, a providência, de algum modo, é causa da disposição e, por causa disso, o ato da disposição, com frequência, atribui-se à providência. Portanto, ainda que a providência não seja nem a arte, que se refere à produção das coisas, nem a disposição, que se refere à ordem das coisas entre si, não se segue, porém, que não pertença ao conhecimento prático.

Respostas ao contrário

1. De fato, sobre a vontade, argumenta-se dizendo que Damasceno diz que a providência é a vontade, porque inclui e pressupõe a vontade, como foi dito.

2. Respondo dizendo que, segundo o Filósofo no Livro VI da *Ética*,[27] ninguém pode ser prudente, a não ser que possua as virtudes morais pelas quais está retamente disposto acerca dos fins, assim como ninguém pode demonstrar bem, a não ser que

27. ARISTÓTELES, *Ethica Nicomachea*, VI, c. 11, 1144b32.

tenha os princípios da demonstração. E, por causa disso, tampouco se diz providente, a não ser que possua uma reta vontade, não porque a providência esteja na vontade.

3. Respondo dizendo que se diz que Deus governa por bondade não porque a bondade seja a própria providência, mas porque é o princípio da providência, já que tem a razão de fim. E, também, porque a bondade se refere a Ele, como as virtudes morais em relação a nós.

4. Respondo dizendo que dispor, ainda que pressuponha a vontade, não é, porém, um ato da vontade, porque ordenar, que se entende na disposição, é próprio do sábio, como diz o Filósofo.[28] E, por isso, a disposição e a providência pertencem essencialmente ao conhecimento.

5. Respondo dizendo que a providência se compara ao provido como a ciência ao sabido, e não como a ciência ao que sabe. Por isso, não é necessário que o provido, como provido, seja sábio, mas que seja sabido.

6 e 7. Concedemos os outros dois.

---

28. ARISTÓTELES, *Metaphysica*, I, c. 2, 982a17. [*Metafísica*, obra publicada em *Clássicos Edipro*. (N.E.)]

Artigo 2

Segundo, pergunta-se se o mundo é regido pela providência[29]

E parece que não.

29. Outros lugares: *In I Sent.* d. 39, q. 2, a. 2; *CG.* III, c. 1, c. 64, c. 75 e c. 94; *Super Dion. De div. Nom.*, c. 3, l. 1; *STh.* I, q. 22, a. 2 e q. 103, a. 5; *CTheo.*, c. 123, c. 130 e c. 132; *De subst. Separ.*, c. 13-15.

Argumentos

1. Com efeito, nenhum agente que opera por necessidade da natureza age por providência. Ora, Deus age nas coisas criadas por necessidade da natureza, porque, como diz Dionísio no capítulo IV do livro *Sobre os nomes divinos*,[30] *a bondade divina se comunica às criaturas como o nosso Sol, não elege antes nem conhece antes, difunde seus raios nos corpos*. Logo, o mundo não é regido por Deus pela providência.

2. Além do mais, o princípio multiforme segue o princípio uniforme. Ora, a vontade é princípio multiforme, porque se refere às coisas opostas e, por conseguinte, também a providência, que pressupõe a vontade. A natureza, porém, é um princípio uniforme, porque está determinada ao uno. Logo, a natureza precede à providência. Portanto, as coisas naturais não são governadas pela providência.

---

30. PSEUDO-DIONÍSIO, *De divinis nominibus*, IV, § 1: PG 3, 693 B.

3. Mas se poderia dizer que o princípio uniforme precede ao multiforme na mesma ordem e não em ordens distintas. – Mas, ao contrário, quanto mais um princípio possui maior capacidade de causar, tanto mais é anterior. Ora, quanto mais é uniforme, tem maior capacidade de causar, porque, como se afirma no Livro *Sobre as causas*,[31] toda a potência unida é mais infinita do que uma multiplicada. Logo, considerado no mesmo ou em diversos sentidos, o princípio uniforme precede ao multiforme.

4. Além do mais, segundo Boécio na sua *Aritmética*,[32] toda desigualdade se reduz à igualdade e todo múltiplo à unidade. Logo, também, toda a ação da vontade, que possui multiplicidade, deve ser reduzida a uma ação de natureza, que é simples e igual. E, assim, é necessário que o primeiro agente atue por sua essência e natureza, e não por providência. E, assim, o mesmo que antes.

5. Além do mais, aquilo que sobre si está determinado ao uno não necessita de alguém que o governe, porque o governo serve para que algo não se dissolva no contrário. Contudo, as coisas naturais, por natureza própria, são determinadas a uma só coisa. Portanto, não têm necessidade de uma providência que as governe.

6. Mas se poderia dizer que para isso as coisas necessitam do governo da providência para serem conservadas no ser. – Mas, ao contrário, aquilo no qual não há potência para a corrupção, não tem necessidade de algo exterior. Ora, existem algumas coisas nas quais não há potência para a corrupção, nem também

---

31. Proposição 17 (16).

32. BOÉCIO, *Arithmetica*, II, c. 1: PL 63, 1113.

para a geração, como fica evidente nos corpos celestes e nas substâncias espirituais, que são as principais partes do mundo. Portanto, tais coisas não necessitam de uma providência que as conserve no ser.

7. Além do mais, há certas coisas na natureza dos seres que também Deus não pode mudar, assim como este princípio segundo o qual "não é possível afirmar e negar algo sobre o mesmo" e que "o que existiu não pode não ter existido'" como diz Agostinho no livro *Contra Fausto.*[33] Portanto, ao menos essas coisas não necessitam de uma providência que as governe e as conserve.

8. Além do mais, como diz Damasceno[34] no Livro II, não é conveniente que alguém seja o criador das coisas e outro o providente. Ora, as coisas corpóreas não são feitas por Deus, pois Deus é espírito, porque não parece que um espírito possa produzir um corpo, assim como nem um corpo pode produzir um espírito. Logo, essas coisas corporais não são governadas por uma providência.

9. Além do mais, o governo das coisas concerne também à mesma distinção das coisas. Ora, a distinção das coisas não parece proceder de Deus, porque Ele mesmo se relaciona de modo uniforme, como se diz no livro *Sobre as causas.*[35] Logo, as coisas não são governadas pela providência divina.

10. Além do mais, não é necessário que as coisas que estão ordenadas em si mesmas sejam ordenadas por outro. Ora, as

33. AGOSTINHO, *Contra Faustum*, XXVI, c. 5: PL 42, 481.

34. JOÃO DAMASCENO, *De fide*, II, c. 29: PG 94, 964 C.

35. Proposição 20 (19) e 24 (23) e comm.

coisas naturais são assim, porque, como se diz no Livro II do *Sobre a alma*,[36] *a natureza de todas as coisas estabelecidas é o término e a razão da magnitude e do aumento*. Logo, as coisas naturais não são ordenadas pela providência divina.

11. Além do mais, se as coisas fossem governadas pela divina providência, a partir das coisas poderíamos perscrutar a providência divina. Ora, assim como diz Damasceno[37] no Livro II, *é necessário admirar todas as coisas, louvar todas as coisas, aceitar perscrutar todas as coisas, que se referem à providência*. Logo, o mundo não é regido pela providência.

Ao contrário

1. É o que diz Boécio:[38] *ó, Tu, que com perpétua razão, governas o mundo*.

2. Além do mais, quaisquer coisas que têm certa ordem, é necessário que elas sejam regidas por alguma providência. Ora, as coisas naturais têm certa ordem em seus movimentos. Logo, são regidas pela providência.

3. Além do mais, as coisas que são diversas não são conservadas em alguma conexão, a não ser por alguma providência que governa. Por isso, também alguns filósofos foram coagidos a defender que a alma era harmonia, por causa da conservação dos contrários no corpo animal. Ora, vemos no mundo coisas contrárias e diversas permanecerem unidas entre si. Logo, o mundo é regido pela providência.

---

36. ARISTÓTELES, *De anima*, II, c. 4, 416a16. [*Da alma*, obra publicada em *Clássicos Edipro*. (N.E.)]

37. JOÃO DAMASCENO, *De fide*, II, c. 29: PG 94, 964 C.

38. BOÉCIO, *De Consolatione Philosophiae*, III, metr. 9: PL 63, 758.

4. Além do mais, como diz Boécio, no Livro IV de *A Consolação da Filosofia*,[39] *o destino distribui as coisas singulares em movimento segundo os lugares, formas e tempos; e esse desenvolvimento da ordem temporal com relação à mente divina é a providência divina*. Logo, como nós vemos que as coisas são distintas segundo as formas, os tempos e os lugares, é necessário estabelecer um destino e, assim, também uma providência.

5. Além do mais, tudo aquilo que por si não pode ser conservado no ser é necessário que alguém o governe para ser conservado. Ora, as coisas criadas não podem ser conservadas por si no ser, porque as coisas que foram feitas do nada tendem por si ao nada, como diz Damasceno.[40] Logo, é necessário que exista uma providência que governe as coisas.

Respondo

Respondo dizendo que a providência considera a ordem ao fim. E, por isso, aqueles que negam a causa final devem negar por consequência a providência, como diz o Comentador no Livro II da *Física*.[41] Contudo, nos tempos antigos houve dupla posição dos que negaram a causa final. Com efeito, alguns filósofos antiquíssimos defenderam apenas a causa material, por isso que, ao não defenderem uma causa agente, não podiam admitir um fim, que não é senão causa enquanto move o agente. No entanto, outros filósofos posteriores estabeleceram a causa agente, sem afirmar nada sobre a causa final. E segundo ambas as posturas, todas as coisas procediam por necessidade das causas precedentes, ou da matéria, ou do agente.

---

39. BOÉCIO, *De Consolatione Philosophiae*, IV, prosa 6: PL 63, 815 A.
40. JOÃO DAMASCENO, *De fide*, II, c. 27: PG 94, 960 C.
41. AVERRÓIS, *Physica*, II, c. 4, fol. 75. [Venetiis: Apud Iunctas, 1562.]

Mas essa posição foi refutada pelos filósofos deste modo. Com efeito, as causas material e agente, como tais, são para o efeito causa do ser. Contudo, não são suficientes para causar no efeito a bondade que lhe é conveniente para poder permanecer em si mesmo e para ajudar a outros. Por exemplo, o calor, por sua natureza e quanto é em si, tende a dissolver-se. Contudo, a dissolução não é conveniente nem boa, a não ser segundo certo término e modo. Por isso, a não ser que estabeleçamos outra causa além do calor e outros agentes semelhantes na natureza, nós não podemos assinalar uma causa pela qual as coisas se produzam bem e convenientemente. Ora, tudo o que não tem uma causa determinada ocorre por casualidade. E, por isso, segundo a postura assinalada, seria necessário que todas as harmonias e utilidades se encontrem nas coisas que fossem casuais; o que também sustentou Empédocles, dizendo que as partes dos animais se uniam casualmente por amizade de modo que o animal pudesse sobreviver, o que ocorre com frequência. No entanto, isso não pode ser, pois, as coisas que ocorrem por casualidade advêm em uma parte menor. Vemos, porém, que tais harmonias e utilidades ocorrem nas obras da natureza sempre, ou na maior parte dos casos. Por isso, não pode ser que ocorram por casualidade. E, assim, é necessário que procedam por intenção de fim.

Ora, aquilo que carece de intelecto ou de conhecimento não pode tender diretamente ao fim, a não ser que o fim seja constituído previamente e seja dirigido ao mesmo por algum tipo de conhecimento. Por isso, é necessário que, como as coisas naturais carecem de conhecimento, preexista um intelecto que ordene as coisas naturais ao fim, de modo pelo qual o arqueiro dá à flecha certo movimento, para que tenda a um fim determinado. Por isso, assim como o disparo de flecha não se diz tanto uma ação da flecha quanto do arqueiro, assim também toda obra da natureza é dita pelos filósofos como obra da inteligência. E, assim, é necessário que o mundo seja governado por meio da providência desse intelecto que estabeleceu a dita ordem da natureza. E essa providência pela qual Deus governa o mundo se assemelha à providência econômica, com a qual alguém governa a família, ou à política, com a qual alguém governa a cidade ou o reino, por meio dela alguém ordena os atos dos demais em relação ao fim, pois não pode existir em Deus providência com relação a si mesmo, porque qualquer coisa que há n'Ele é fim e não relativa ao fim.

Respostas aos argumentos

1. Respondo, portanto, dizendo que a similitude proposta por Dionísio deve ser tomada no sentido de que o Sol, quanto é em si mesmo, não exclui nenhum corpo da comunicação de sua luz. Assim, também, a bondade divina não exclui nenhuma criatura de sua participação, não, porém, quanto a isso que opera sem conhecimento e eleição.

2. Respondo dizendo que um princípio pode ser dito multiforme de dois modos. De um modo, quanto à própria essência do princípio, a saber, enquanto é composto. E, assim, o princípio multiforme deve ser posterior ao que é uniforme. De outro modo, pelo que se refere ao efeito, de modo que possa se chamar multiforme o princípio que se estende a muitos efeitos. E, assim, o princípio multiforme é anterior ao que é uniforme, porque quanto mais simples é um princípio, tanto mais se estende a múltiplas coisas. E por esse modo a vontade se diz um princípio multiforme, porém a natureza, um princípio uniforme.

3. Respondo dizendo que essa argumentação procede a partir da uniformidade do princípio segundo sua essência.

4. Respondo dizendo que Deus é causa das coisas por sua essência. E, assim, toda a pluralidade das coisas se reduz a um princípio simples. Ora, sua essência não é causa das coisas, a não ser na medida em que é conhecida e, por consequência, enquanto quer ser comunicada às criaturas por via de semelhança. Por isso, as coisas procedem da essência divina por uma ordem da ciência e da vontade. E, assim, por providência.

5. Respondo dizendo que essa determinação pela qual a realidade natural se determina a uma coisa não está nela por si mesma, mas por um outro. E, por isso, a mesma determinação ao efeito demonstra uma providência conveniente, como foi dito.

6. Respondo dizendo que a corrupção e a geração podem ser tomadas de dois modos. De um modo, segundo que a geração e a corrupção são do ente contrário e no ente contrário. E nesse modo a potência para a geração e a corrupção está em uma coisa segundo a qual sua matéria está em potência a formas contrárias. E nesse modo os corpos celestes e as substâncias espirituais não têm potência nem para a geração, nem para a corrupção. De outro modo, elas se dizem comumente por qualquer trânsito das coisas ao ser e por qualquer passo ao não ser. De modo que assim a criação, por meio da qual uma coisa passa do nada ao ser, diz-se geração, e a mesma aniquilação de uma coisa pode ser chamada corrupção. Contudo, diz-se que algo tem potência para a geração por esse modo, por isso que no agente há potência para a mesma produção. E, de modo semelhante, diz-se que algo tem potência para a corrupção, porque no agente existe uma potência para reduzi-lo ao não ser. E, de acordo com isso, toda criatura possui potência para a corrupção, pois todas as coisas que Deus pode produzir no ser também podem ser reduzidas ao não ser. De fato, para que as criaturas subsistam, é necessário que sempre nelas Deus opere o ser, como diz Agostinho no *Comentário literal ao Gênesis*,[42] não pelo modo no qual a casa

42. AGOSTINHO, *Super Genesim ad litteram*, IV, c. 12: PL 34, 304; VIII c. 12: PL 34, 383.

é feita pelo artífice, por cuja ação a casa ainda permanece, mas no modo pelo qual a iluminação do ar provém do Sol. Por isso, se Deus não proporcionasse o ser à criatura, o que é estabelecido em sua vontade, a criatura seria reduzida ao nada.

7. Respondo dizendo que a necessidade desses princípios é conseguinte à providência e à disposição divinas. Por isso, as coisas produzidas que estão em tal natureza, na qual possuem o ser limitado, são distintas de suas negações. Dessa distinção se segue que a afirmação e a negação não sejam simultaneamente verdadeiras. E, por isso, há necessidade em todos os outros princípios, como se diz no Livro IV da *Metafísica*.[43]

8. Respondo dizendo que o efeito não pode ter mais excelência do que a causa, porém, pode ser mais deficiente do que a causa. E porque o corpo é naturalmente inferior ao espírito, por isso o corpo não pode produzir um espírito, mas o inverso.

9. Respondo dizendo que Deus, segundo isso, diz-se que se relaciona de modo semelhante com as coisas, porque não há n'Ele diversidade. E, porém, Ele mesmo é a causa da diversidade das coisas, segundo que pela sua ciência contém em seu poder as razões das diversas coisas.

10. Respondo dizendo que essa ordem que está na natureza não provém de si mesmo, mas de outro. E, por isso, a natureza necessita da providência, pela qual tal ordem é instituída nela.

11. Respondo dizendo que as criaturas são deficientes na representação do Criador. E, por isso, por meio das criaturas não podemos alcançar um conhecimento perfeito do Criador. E, também, por causa da debilidade de nosso intelecto, que não

---

43. ARISTÓTELES, *Metaphysica*, IV, c. 6, 1005b32.

pode compreender tudo de Deus pelas criaturas, nem o que de Deus as criaturas manifestam. E, por isso, nos está proibido perscrutar todas as coisas que estão em Deus, a saber, com o fim de que não queiramos chegar ao fim da investigação, que mostra o nome da perscrutação, pois assim não creríamos em Deus, a não ser que nosso intelecto pudesse captar. Contudo, não nos está proibido escrutar com uma modéstia que reconheça que somos insuficientes para uma perfeita compreensão. E, por isso, diz Hilário[44] que *quem indaga piedosamente as coisas infinitas, ainda que não chegue nunca a elas, sempre, porém, se segue avançando, e obterá resultados.*

44. HILÁRIO, *De Trinitate*, II, c. 10: PL 10, 59 A.

Artigo 3

Terceiro, pergunta-se se a providência divina se estende às coisas corruptíveis[45]

E parece que não.

45. Outros lugares: *In I Sent.* d. 39, q. 2, a. 2; *CG.* III, c. 1, c. 64, c. 75 e c. 94; *Super Dion. De div. Nom.*, c. 3, l. 1; *STh.* I, q. 22, a. 2 e q. 103, a. 5; *CTheo.*, c. 123, c. 132 e c. 133; *De subst. Separ.*, c. 13-15.

Argumentos

1. Com efeito, a causa e o efeito estão coordenados no mesmo. Ora, as criaturas corruptíveis são causa da culpa, como fica evidente que a beleza da mulher é incentivo e causa da luxúria. E se diz em Sb 14,11: *na criação de Deus, eles [os ídolos] se tornaram uma abominação, um escândalo para as almas dos homens e uma armadilha para os pés dos insensatos*. Logo, como a culpa está fora da ordem da providência divina, parece que em relação à ordem da providência os seres corruptíveis não estão submetidos.

2. Além do mais, nada provido por um sábio é suscetível de corrupção de seu efeito, porque, assim, o sábio entraria em contradição consigo mesmo, edificando e destruindo a mesma coisa. Ora, nas realidades corruptíveis se encontra uma coisa contrária à outra, e corruptiva dela. Logo, essas coisas não são providas por Deus.

3. Além do mais, assim como diz Damasceno[46] no Livro II, *é necessário que todas as coisas que se fazem por providência se*

46. JOÃO DAMASCENO, *De Fide*, II, c. 29: PG 94, 964 A.

façam segundo uma reta e ótima e digníssima razão de Deus e se faça do melhor modo possível. Ora, os seres corruptíveis poderiam se converter em melhores, porque poderiam chegar a ser incorruptíveis. Logo, a providência divina não se estende aos seres corruptíveis.

4. Além do mais, todas as coisas corruptíveis possuem a corrupção por natureza, de outro modo não seria necessário que todas as coisas corruptíveis se corrompessem. Ora, a corrupção, por ser um defeito, não é provida por Deus, que não pode ser causa de nenhum defeito. Logo, as naturezas corruptíveis não estão providas por Deus.

5. Além do mais, assim como diz Dionísio no Livro IV de *Sobre os nomes divinos*,[47] não é próprio da providência que a natureza se perca, mas que seja salva. Logo, à providência de Deus onipotente corresponde salvar sempre as coisas. Ora, os seres corruptíveis não são salvos sempre. Logo, não estão submetidos à providência divina.

Ao contrário

1. É o que se diz em Sb 14,3: *mas é a tua Providência, ó Pai, que governa todas as coisas.*

2. Além do mais, em Sb 12,13 se diz que é o mesmo Deus *que cuida de todos*. Logo, tanto os seres corruptíveis como os incorruptíveis estão submetidos à sua providência.

3. Além do mais, assim como diz Damasceno[48] no Livro II, não é conveniente que alguém seja criador das coisas e outro seja

47. PSEUDO-DIONÍSIO, *De divinis nominibus*, § 33: PG 3, 733 B.
48. JOÃO DAMASCENO, *De Fide*, II, c. 29: PG 94, 964 A.

o providente. Ora, Deus é causa eficiente de todos os seres corruptíveis. Logo, também é providente dessas coisas.

Respondo

Respondo dizendo que a providência de Deus, com a qual governa as coisas, como foi dito, é semelhante à providência com a qual um pai de família governa a casa, ou um rei, à cidade ou ao reino. Nesses governos existe isto de comum, que o bem comum é mais eminente do que o bem singular, como o bem das pessoas é mais divino do que o bem da cidade, ou da família, ou de uma pessoa, como se encontra no princípio da *Ética*.[49] Por isso, qualquer providente, se governa com sabedoria, presta maior atenção ao que convém à comunidade do que ao que convém a um só. Logo, alguns não atentam a isso, considerando nas coisas corruptíveis algumas coisas que poderiam ser melhor tomadas em si mesmas, não atentando à ordem do universo, segundo que cada coisa está colocada de modo ótimo em sua ordem, disseram que essas coisas corruptíveis não eram governadas por Deus, mas só as incorruptíveis, por isso de um deles se diz em Jó 22,14: *as nuvens encobrem-no*, a saber, *e impedem-no de ver, quando passeia pela abóboda do céu*. Contudo, estabeleceram que essas coisas corruptíveis ou agem por casualidade completamente privadas de alguém que as governe, ou são governadas por um princípio contrário.

O Filósofo refutou essa posição no Livro XI da *Metafísica*,[50] por meio de uma similitude com o exército, no qual encontramos uma dupla ordem: uma, pela qual as partes do exército estão ordenadas entre si, e outra pela qual são ordenadas ao bem exterior, a saber, o bem do general. E aquela ordem pela qual as partes do exército se ordenam entre si se dá por causa da ordem pela qual

49. ARISTÓTELES, *Ethica Nicomachea*, I, c. 2, 1094b10.

50. Cfr. ARISTÓTELES, *Metaphysica*, XII, c. 12, 1075a11.

todo o exército se ordena ao general. Por isso, se não tivesse uma ordem ao general, não existiria a ordem das partes do exército entre si. Portanto, qualquer multiplicidade que encontremos que esteja ordenada entre si, é necessário que esteja ordenada a um princípio exterior. Contudo, as partes do universo, as corruptíveis e as incorruptíveis, estão ordenadas entre si, não por acidente, mas por si, pois vemos as utilidades provenientes dos corpos celestes nos corpos corruptíveis, ou sempre, ou na maior parte dos casos segundo o mesmo modo. Por isso, é necessário que todas as coisas corruptíveis e incorruptíveis estejam em uma única ordem de providência com relação a um princípio exterior, que está fora do universo. Por isso, o Filósofo[51] conclui que é necessário estabelecer no universo um só domínio e não muitos.

Porém, deve-se saber que algo é provido de um duplo modo: de um, por si mesmo, e de outro, por alguma outra coisa, assim como em uma casa se proveem em si aquelas coisas nas quais consiste essencialmente o bem da casa, como os filhos, as posses e coisas semelhantes. Outras coisas, porém, proveem-se por utilidade destas coisas, como, por exemplo, os vasos, os animais, e coisas semelhantes. E, de modo semelhante, no universo se proveem em si aquelas coisas nas quais consiste essencialmente a perfeição do universo. E essas possuem perpetuidade, como também o universo é perpétuo. Aquelas coisas, porém, que não são perpétuas não são providas a não ser por alguma outra coisa. E, por isso, as substâncias espirituais e os corpos celestes, que são perpétuos tanto segundo a espécie como segundo o indivíduo, são providos por si mesmos tanto na espécie como no indivíduo. Ora, as coisas corruptíveis não podem ter perpetuidade, a não ser na espécie, pois elas são providas por si mesmas, mas seus indivíduos não são providos, a não ser pela conservação perpétua da espécie. E segundo isso se salva a opinião daqueles que

51. Cfr. ARISTÓTELES, *Metaphysica*, XII, c. 12, 1076a4.

afirmam que a divina providência não se estende a esses corruptíveis, a não ser segundo que participam da natureza da espécie, pois isso é verdadeiro, se se entendesse a providência com a qual algumas coisas são providas por si.

Respostas aos argumentos

1. Respondo, portanto, dizendo que as criaturas corruptíveis não são por si causa da culpa, mas só ocasião, e causa por acidente. Mas não é necessário que a causa por acidente e o efeito estejam na mesma ordem.

2. Respondo dizendo que o sábio providente não só atende ao que convém a um só dos que estão submetidos à sua providência, mas ao que convém a todos. Portanto, ainda que a corrupção de alguma coisa no universo não seja conveniente para essa coisa, porém compete à perfeição do universo, porque pela contínua geração e corrupção dos indivíduos o ser se conserva perpétuo nas espécies, nas quais consiste a perfeição do universo.

3. Respondo dizendo que, ainda que a coisa corruptível fosse melhor se possuísse a incorruptibilidade, porém é melhor um universo que conste de seres corruptíveis e incorruptíveis do que outro que tivesse só seres incorruptíveis, porque cada natureza é boa, a saber, a corruptível e a incorruptível. Contudo, é melhor que haja duas coisas boas do que uma só. Nem a multiplicação dos indivíduos em uma só natureza poderia equivaler à diversidade das naturezas, pois o bem da natureza, que é comunicável, é superior ao bem individual, que é singular.

4. Respondo dizendo que as trevas procedem do Sol, não no sentido que as produza, mas no sentido de que não emite a luz. Assim, a corrupção procede de Deus não como de um agente, mas como de alguém que não proporciona permanência.

5. Respondo dizendo que aquelas coisas que por si são providas por Deus permanecem perpetuamente. Contudo, não ocorre isso com aquelas que por si não são providas, mas que é necessário que essas permaneçam apenas quanto são necessárias para as coisas em função das quais são providas. E, por isso, as coisas particulares, porque não são providas por si, corrompem-se, como é evidente pelo dito acima.

Artigo 4

Quarto, pergunta-se se todos os movimentos e as ações dos corpos inferiores estão submetidos à providência divina[52]

E parece que não.

52. Outros lugares: *In I Sent.* d. 39, q. 2, a. 2; *CG.* III, c. 1, c. 64, c. 75 e c. 94; *Super Dion. De div. Nom.*, c. 3, l. 1; *STh.* I, q. 22, a. 2 e q. 103, a. 5; *CTheo.*, c. 123, c. 132 e c. 133; *De subst. Separ.*, c. 13-15.

Argumentos

1. Com efeito, Deus não é providente daquilo que não é autor, porque não é conveniente estabelecer um providente distinto do criador, como diz Damasceno[53] no Livro II. Ora, Deus não é autor do mal, pois todas as coisas, enquanto procedem d'Ele, são boas. Portanto, como nos movimentos e nas ações desses corpos inferiores ocorrem muitos males, parece que nem todos os movimentos desses corpos inferiores estão sujeitos à providência divina.

2. Além do mais, os movimentos contrários não parecem ser de uma só ordem. Ora, nesses corpos inferiores se encontram movimentos contrários e ações contrárias. Logo, é impossível que todos caiam sob a ordem da providência divina.

3. Além do mais, nada cai sob a providência, a não ser por isso que se ordena ao fim. Ora, o mal não se ordena ao fim, pois

---

53. JOÃO DAMASCENO, *De Fide*, II, c. 29: PG 94, 964 A.

o mal é privação de ordem. Logo, o mal não cai sob a providência. Contudo, nesses corpos inferiores ocorrem muitos males. Logo, etc.

4. Além do mais, não é prudente, se puder impedi-lo, o que sustenta que advém um mal naquelas coisas cujos atos estão sujeitos à sua providência. Ora, Deus é prudentíssimo e poderosíssimo. Portanto, como ocorrem muitos males nos corpos inferiores, parece que os atos particulares desses corpos inferiores não estão sujeitos à providência divina.

5. Mas se poderia dizer que Deus permite que se façam males, porque deles pode extrair coisas boas. – Mas, ao contrário, o bem é mais poderoso do que o mal. Logo, não é necessário que Deus permita que se produzam males para tirar deles coisas boas.

6. Além do mais, assim como Deus criou todas as coisas por meio de sua bondade, assim também governa todas as coisas por sua bondade, como diz Boécio no Livro IV de *A Consolação da Filosofia.*[54] Ora, a bondade divina não pode permitir que Ele possa produzir algum mal. Logo, nem a bondade divina pode permitir que certo mal esteja submetido à providência.

7. Além do mais, nenhuma coisa provida é casual. Logo, se todos os movimentos dos corpos inferiores estivessem providos, nada ocorreria por casualidade. E, assim, todas as coisas aconteceriam por necessidade, o que é impossível.

8. Além do mais, se todas as coisas ocorressem por necessidade nos corpos inferiores, essas coisas inferiores não estariam regidas pela providência, como diz o Comentador no Livro II

54. BOÉCIO, *De Consolatione Philosophiae*, IV, prosa 6: PL 63, 817 B e 820 B.

da *Física*.[55] Ora, nesses corpos inferiores ocorrem muitas coisas por necessidade da matéria. Logo, ao menos não estão sujeitos à providência divina.

9. Além do mais, ninguém que seja prudente permite o bem para que venha um mal. Logo, pela mesma razão ninguém que seja prudente permite o mal para que venha um bem. Ora, Deus é prudente. Logo, não permite que se produzam males para que advenham bens. E, assim, parece que os males que se produzem nos corpos inferiores não caem sob uma providência de concessão.

10. Além do mais, aquilo que é repreensível no homem de nenhum modo deve ser atribuído a Deus. Ora, é repreensível no homem que faça o mal para conseguir um bem, como é claro em Rm 3,8: *e por que – como aliás alguns afirmam caluniosamente que nós ensinamos – não havíamos nós de fazer o mal para que venha o bem?* Logo, não compete a Deus que sob sua providência caiam males com o fim de que a partir deles se extraiam bens.

11. Além do mais, se os atos dos corpos inferiores estivessem submetidos à providência divina, atuariam de modo que conviria à justiça divina. Ora, não se comprova que os elementos inferiores atuam dessa maneira, porque o fogo queima a casa tanto de um homem justo quanto a de um injusto. Logo, os atos dos corpos inferiores não estão sujeitos à providência divina.

Ao contrário

1. É o que se diz em Mt 10,29: *não se vendem dois pardais por um asse? E, no entanto, nenhum deles cai em terra sem o*

55. AVERRÓIS, *Physica*, II, c. 4, fol. 75. [Venetiis: Apud Iunctas, 1562.]

consentimento do vosso Pai! A partir disso diz a Glosa: *grande é a providência de Deus a qual nem as coisas pequenas estão escondidas*. Logo, os mínimos movimentos dos corpos inferiores estão submetidos à providência.

2. Além do mais, diz Agostinho no Livro VIII do *Comentário literal ao Gênesis*:[56] *segundo a providência divina, vemos as coisas celestes ordenadas acima, as terrestres abaixo, o Sol e as estrelas resplandecem, os dias e as noites se sucedem alternativamente, as águas fluem e refluem sobre a terra fundada sobre elas, o ar se difunde até o alto, as árvores e os animais são concebidos e nascem, crescem e envelhecem, morrem, e tudo ocorre nas coisas com um movimento interior e natural*. Logo, todos os movimentos dos corpos inferiores estão sujeitos à divina providência.

Respondo

Respondo dizendo que como o primeiro princípio das coisas e o último fim são o mesmo, do mesmo modo as coisas procedem do primeiro princípio e se ordenam ao fim último. Contudo, no progresso das coisas desde o primeiro princípio encontramos que as coisas que estão próximas do princípio têm um ser indefectível, porém as que distam mais têm um ser corruptível, como se diz no Livro II do *Sobre a geração e a corrupção*,[57] por isso, também, na ordem das coisas ao fim, aquelas coisas que estão muito próximas do fim último possuem a ordem ao fim sem se declinar, e, porém, as que estão distante, às vezes, declinam-se dessa ordem. Contudo, as coisas têm a mesma proximidade ou distância com relação ao princípio e ao fim. Por isso, os seres incorruptíveis, como possuem o ser indefectível, do mesmo modo nunca se desviam em seus atos da ordem ao fim, como os corpos

56. AGOSTINHO, *Super Genesim ad litteram*, c. 9: PL 34, 379.

57. ARISTÓTELES, *De generatione et corruptione*, II, c. 10, 336b30. [*Da Geração e Corrupção*, obra publicada em *Clássicos Edipro*. (N.E.)]

celestes, cujos movimentos nunca se desviam de seu curso natural. Por isso, diz o Filósofo no Livro XI da *Metafísica*,[58] que na ordem do universo as substâncias incorruptíveis se assemelham aos homens livres em uma casa, que sempre operam em função do bem da casa. Mas os corpos corruptíveis se comparam em uma casa aos servos e animais, cujas ações com frequência se desviam da ordem do que governa a casa. E, por isso, também Avicena[59] diz que além do orbe da lua não existe mal, mas só nas coisas inferiores.

Porém, nem esses atos que se desviam da reta ordem nas coisas inferiores estão completamente fora da ordem da providência. Com efeito, algo está submetido à providência de dois modos: de um, como ao que algo se ordena; de outro, como o que está ordenado a outro. Contudo, na ordem das coisas que estão ordenadas ao fim, todas as coisas intermediárias são fins e relativas ao fim, como se diz no Livro II da *Física*[60] e no Livro V da *Metafísica*.[61] E, por isso, tudo que está na reta ordem da providência cai sob a providência, não só como o que está ordenado a outra coisa, mas tal como aquilo ao qual outra coisa se ordena. Ora, aquilo que se desvia da reta ordem cai sob a providência só segundo que se ordena a outro, não que algo se ordena ao mesmo; assim como o ato da virtude geradora, pela qual o homem gera o homem perfeito na natureza, está ordenado por Deus a algo, a saber, à forma humana, e ao qual algo está ordenado, a saber, à potência geradora. Contudo, um ato defeituoso, pelo qual, às vezes, geram-se monstros na natureza, certamente está ordenado por Deus a alguma utilidade, porém nenhum outro ato se ordena para isso, pois acontece por defeito de alguma causa. E com relação ao primeiro tipo há uma providência de

58. Cfr. ARISTÓTELES, *Metaphysica*, XII, c. 12, 1075a19.

59. AVICENA, *Metaphysica*, IX, c. 6 fol. 106ra. [Venetiis: Apud Iunctas, 1508.]

60. ARISTÓTELES, *Physica*, II, c. 5, 194b35.

61. ARISTÓTELES, *Metaphysica*, V, c. 2, 1013a35.

aprovação, porém, com relação ao segundo existe uma providência de concessão, cujos dois modos de providência os estabeleceu Damasceno[62] no Livro II.

Contudo, deve-se saber que alguns se referiram ao citado modo da providência somente com relação às espécies das coisas naturais, e não às coisas singulares, com exceção enquanto participam da natureza comum, porque não admitiam que Deus pudesse conhecer os seres singulares, pois diziam que Deus ordenou a natureza de algumas espécies de tal maneira que da virtude que segue à espécie deveria seguir-se uma ação determinada e se, alguma vez, tivesse sido defeituosa, ordenar-se-iam a uma determina utilidade, assim como a corrupção de uma coisa se ordena à geração de outra. Mas não ordenou essa virtude particular a esse ato particular, nem esse defeito particular a essa particular utilidade. Entretanto, nós dizemos que Deus conhece perfeitamente todos os seres particulares. E, por isso, admitimos essa ordem da providência também nos seres singulares, enquanto são singulares.

Respostas aos argumentos

1. Respondo, portanto, dizendo que essa argumentação procede da providência de aprovação, pois nesse sentido nada é provido por Deus, a não ser o que de algum modo foi produzido por Ele. Por isso, o mal, que não provém de Deus, não cai sob a providência de aprovação, mas apenas de concessão.

2. Respondo dizendo que, ainda que os movimentos contrários não sejam de uma única ordem especial, são, porém, de uma mesma ordem geral, assim como também as diversas ordens artificiais, as quais se ordenam em uma só ordem de uma só cidade.

62. JOÃO DAMASCENO, *De fide*, II, c. 29: PG 94, 965 A.

3. Respondo dizendo que, ainda que o mal, enquanto procede de um agente próprio, esteja desordenado, e por isso se define como privação de ordem, porém, nada impede que esteja ordenado por um agente superior, e assim cai sob a providência.

4. Respondo dizendo que tudo o que é prudente sustenta um mal pequeno para não impedir um bem grande. Contudo, qualquer bem particular é pequeno com relação ao bem de uma natureza universal. Mas não poderia impedir um mal que derive de algumas coisas sem suprimir sua natureza, que é tal que pode debilitar-se ou não se debilitar, e que comporta um dano a uma coisa particular, e, porém, acrescenta certa beleza no universo. E, por isso, Deus, por ser prudentíssimo, com sua providência não proíbe os males, mas permite que cada coisa atue segundo o que sua natureza requeira, tal como diz Dionísio no capítulo IV do *Sobre os nomes divinos*,[63] que é próprio da providência não perder, mas salvar a natureza.

5. Respondo dizendo que algum bem não pode se derivar a não ser de algum mal, como o bem da paciência pode unicamente proceder do mal da persecução e o bem da penitência do mal de culpa. Nem isso impede a debilidade do mal com relação ao bem, porque tais bens não procedem do mal como de uma causa por si, mas como por acidente e materialmente.

6. Respondo dizendo que aquilo que se produz é necessário que segundo seu ser tenha a forma do que foi produzido, porque a produção da coisa termina no ser da coisa. Por isso não pode ser mal o que é produzido por um autor bom. Ora, a providência ordena a coisa ao fim. Contudo, a ordem ao fim se segue ao ser da coisa. E, por isso, não é impossível que algum mal esteja ordena-

63. PSEUDO-DIONÍSIO, *De divinis nominibus*, c. 4, § 33: PG 3, 733 B.

do ao bem por algum bem, mas é impossível que algo seja ordenado ao mal por algum bem, pois como a bondade de um autor induz a forma de bondade nas coisas produzidas, assim a bondade do providente induz a ordem ao bem nas coisas providas.

7. Respondo dizendo que os efeitos que ocorrem nos corpos inferiores podem ser considerados de dois modos: de um modo, em ordem às causas próximas, e assim muitas coisas ocorrem por casualidade; de outro modo, em ordem à primeira causa, e assim nada sucede no mundo por casualidade. Não se segue, todavia, que todas as coisas sucedam de modo necessário, porque os efeitos não seguem na necessidade e na contingência as causas primeiras, mas as próximas.

8. Respondo dizendo que aquelas coisas que provêm por necessidade da matéria procedem de naturezas ordenas ao fim, e segundo isso também elas podem cair sob a providência, o que não ocorreria se tudo acontecesse por necessidade da matéria.

9. Respondo dizendo que o mal é contrário ao bem. Contudo, nenhum contrário induz por si a seu contrário, mas que todo contrário induz a seu contrário ao que é semelhante a ele, tal como o cálido não induz a alguma coisa ao frio, a não ser por acidente, mas antes o frio é reduzido pelo cálido por meio do cálido. De modo semelhante, também nenhum ser bom ordena algo ao mal, mas antes ordena ao bem.

10. Respondo dizendo que fazer o mal, como é claro pelo dito, de nenhum modo compete aos bons. Por isso, fazer o mal por causa do bem é repreensível no homem e não pode ser atribuído a Deus. Ora, ordenar o mal ao bem não é contrário à bondade de ninguém. E, por isso, permitir o mal por causa de algum bem que dele se siga pode ser atribuído a Deus.

Artigo 5

Quinto, pergunta-se se os atos humanos são regidos pela providência[64]

E parece que não.

64. Outros lugares: *In I Sent.* d. 39, q. 2, a. 2; *CG.* III, c. 1, c. 64, c. 75 e c. 94; *Super Dion. De div. Nom.*, c. 3, l. 1; *STh.* I, q. 22, a. 2 e q. 103, a. 5; *CTheo.*, c. 123, c. 132 e c. 133; *De subst. Separ.*, c. 13-15.

Argumentos

1. Porque, como diz Damasceno[65] no Livro II, *as coisas que estão em nós não estão sob a providência, mas sob nosso livre-arbítrio*. Ora, os atos humanos se dizem que estão em nós. Logo, os atos não caem sob a divina providência.

2. Além do mais, quanto mais nobres são aquelas coisas que caem sob a providência, tanto mais são providas de modo mais digno. Ora, o homem é mais nobre do que as criaturas insensíveis, que sempre mantêm sua direção, e não se desviam da reta ordem a não ser raramente. Mas os atos dos homens com frequência se desviam da reta ordem. Logo, os atos humanos não estão regidos pela providência.

3. Além do mais, o mal de culpa é maximamente odiável a Deus. Ora, ninguém providente permite aquilo que maxima-

65. JOÃO DAMASCENO, *De fide*, II, c. 29: PG 94, 964 C.

mente lhe desagrada por causa de alguma outra coisa, pois nesse caso a ausência dessa outra coisa lhe desagradaria mais. Logo, como Deus permite que sucedam males de culpa nos atos humanos, parece que esses não são regidos por sua providência.

4. Além do mais, aquilo que está deixado a si mesmo não é governado pela providência. Ora, Deus o *abandonou nas mãos de sua própria decisão*, como se diz em Eclo 15,14. Logo, os atos humanos não são regidos pela providência.

5. Além do mais, diz-se em Ecl 9,11: *a corrida não depende dos mais ligeiros, nem a batalha dos heróis, (...) pois a oportunidade e a chance acontece a eles todos.* E fala dos atos humanos. Logo, parece que os atos humanos são feitos pelo acaso, e não são governados pela providência.

6. Além do mais, nas coisas que são regidas pela providência, as diversas coisas são atribuídas de diversos modos. Ora, nas coisas humanas sucedem o mesmo aos bons e aos maus, como se diz em Ecl 9,2: *assim todos têm um mesmo destino, tanto o justo como o ímpio, o bom como o mau*. Logo, as coisas humanas não são regidas pela providência.

Ao contrário

1. Em Mt 10,30, diz-se: *quanto a vós, até mesmo os vossos cabelos foram todos contados*. Logo, também, as mínimas coisas dos atos humanos são ordenadas pela providência divina.

2. Além do mais, punir e premiar e dar preceitos são atos da providência divina, porque por eles cada provisor governa os seus súditos. Ora, Deus realiza todas essas coisas acerca dos atos humanos. Logo, todos os atos humanos estão sujeitos à providência divina.

Respondo

Respondo dizendo que assim como foi dito antes, quando algo está mais próximo do primeiro princípio, tanto mais nobre se coloca sob a ordem da providência. Porém, entre todas as outras coisas, as substâncias espirituais se aproximam mais do primeiro princípio. Por isso, também, diz-se que estão assinaladas com sua imagem e, por consequência, da providência divina não só se segue que estão providas, mas também que sejam providentes. E esta é a causa pela qual as referidas substâncias possuem a eleição sobre seus atos, porém não as outras criaturas, que estão providas, mas não são providentes. Contudo, é necessário que a providência, por referir a ordem ao fim, realize-se segundo a regra do fim e, porque o primeiro providente, Ele mesmo, é o fim de sua providência, Ele possui a regra da providência unida a si mesmo. Por isso, é impossível que por sua parte possa ocorrer algum defeito nas coisas providas por Ele. E, assim, não há defeito nelas, a não ser por parte das coisas providas. Ora, as criaturas, às quais está comunicada a providência, não são fins de sua providência, mas estão ordenadas a outro fim, a saber, Deus. Por isso, é necessário que recebam da regra divina a retitude da sua providência. E, então, em sua providência pode ocorrer algum defeito não só por parte das coisas providas, mas também por parte dos providentes. Contudo, quanto mais aderida está uma criatura à regra do primeiro providente, mais firme retitude tem a ordem de sua providência. Portanto, porque tais criaturas podem falhar em seus atos e elas mesmas são causas de seus atos, por isso seus defeitos têm razão de culpa, que não se pode dizer dos defeitos das outras criaturas. E porque tais criaturas espirituais são incorruptíveis, inclusive como indivíduos, também seus indivíduos são providos por si mesmos. E, em consequência, os defeitos que acontecem neles estão ordenados à pena ou ao prêmio, segundo o que lhes compete, não, porém, só segundo que se ordenam a outras coisas.

E entre essas criaturas, encontra-se o homem, porque sua forma, a saber, a alma, é uma criatura espiritual, da qual deriva a raiz de todos os atos humanos, e da qual também o corpo do homem tem ordem com relação à imortalidade. E, por isso, os atos humanos caem sob a divina providência de modo que eles mesmos são providentes de seus atos, e seus defeitos são ordenados segundo o que compete a eles, não só segundo o que compete aos outros, tal como o pecado do homem está ordenado por Deus a um bem seu, como quando após se levantar do pecado se torna mais humilde, ou, ao menos, faz o bem que se realiza nele mesmo pela justiça divina, enquanto é punido pelo pecado. Mas os defeitos que acontecem nas criaturas sensíveis se ordenam somente ao que compete aos outros, tal como a corrupção de um determinado fogo se ordena à geração de tal ar. E, por isso, para designar esse modo especial de providência pelo qual Deus governa os atos humanos, diz-se em Sb 12,18: *governa-nos com muita indulgência*.

Respostas aos argumentos

1. Respondo, portanto, dizendo que as palavras de Damasceno não devem ser entendidas de modo que absolutamente todas as coisas que estão em nós, isto é, em nossa eleição, estejam excluídas da providência divina, mas que não estão determinadas pela providência divina a um só efeito, como as coisas que não possuem a liberdade de arbítrio.

2. Respondo dizendo que as coisas naturais insensíveis são providas só por Deus e, por isso, não pode ocorrer nelas defeitos por parte do provident, mas unicamente por parte das coisas providas. Contudo, os atos humanos podem ter defeitos por parte da providência humana. E, por isso, encontram-se defeitos e desordens mais numerosas nos atos humanos do que nos atos naturais. Contudo, o fato de que o homem possui a providência dos seus atos, isso pertence à sua dignidade. Por isso, a multiplicidade dos defeitos não impede que o homem possua o grau mais nobre na providência divina.

3. Respondo dizendo que Deus ama mais o que é melhor. E, por isso, quer mais a presença de um bem maior do que a ausência de um mal menor, porque também a ausência de um mal é certo bem. Assim, para que sejam eleitos alguns bens maiores, permite que alguns incorram em males de culpa, que segundo o gênero são detestáveis, ainda que um deles seja mais detestável que outro. Por isso, para a medicina de um, permite, às vezes, que incorra em outro.

4. Respondo dizendo que Deus deixou ao homem na mão de seu conselho, enquanto lhe constituiu providente de seus próprios atos. Mas a providência do homem sobre seus atos não exclui a providência divina sobre eles, assim como as virtudes ativas das criaturas excluem a virtude ativa divina.

5. Respondo dizendo que, ainda que muitas coisas nos atos humanos sucedam por causalidade, se se consideram as causas inferiores, porém, nada sucede por casualidade se se considera a providência divina, que está acima de tudo. O fato de que nos atos humanos sucedam muitas coisas contrárias das quais deveriam suceder, como parece ocorrer quando são consideradas as causas inferiores, mostra que os atos humanos estão governados pela divina providência, pela qual acontece que frequentemente os mais poderosos sucumbem. Mostra-se, pois, mediante isso, que a vitória se dá mais pela providência divina do que pela virtude humana. E, de modo semelhante, sucede nas outras coisas.

6. Respondo dizendo que, ainda que nos pareça que todas as coisas sucedam de modo igual aos bons e aos maus, pelo fato de que desconhecemos a razão pela qual a divina providência rege as coisas singulares, não há dúvida, porém, que em todas as coisas boas e más, que sucedem tanto aos bons como aos maus, existe uma reta razão, segundo a qual a divina providência ordena todas as coisas. E porque a ignoramos, parece-nos que sucedem de modo desordenado e irracional, assim como se alguém entrasse na oficina de um artesão, parecer-lhe-ia que seus instrumentos de trabalho estariam multiplicados de maneira inútil se desconhecesse a razão do uso de cada um. Mas sua multiplicação parece razoável ao que conhece a virtude da arte.

Artigo 6

Sexto, pergunta-se se os animais irracionais e seus atos estão submetidos à providência divina[66]

E parece que não.

66. Outros lugares: *In I Sent.* d. 39, q. 2, a. 2; *CG.* III, c. 1, c. 64, c. 75 e c. 94; *Super Dion. De div. Nom.*, c. 3, l. 1; *STh.* I, q. 22, a. 2 e q. 103, a. 5; *CTheo.*, c. 123, c. 132 e c. 133; *De subst. Separ.*, c. 13-15.

Argumentos

1. Porque em I Cor 9,9 se diz que *acaso Deus se preocupa com os bois?* Logo, nem com relação aos outros animais irracionais, pela mesma razão.

2. Além do mais, em Hab 1,14 se diz: *tu tratas o homem como os peixes do mar*. E são palavras do profeta que busca a razão da perturbação da ordem que parece ocorrer nos atos humanos. Logo, parece que os atos das criaturas irracionais não são governados pela providência divina.

3. Além do mais, se o homem sem culpa fosse castigado, e a pena não se convertesse em bem para ele, não pareceria que as coisas humanas são governadas pela providência. Ora, nos animais irracionais não há culpa. Nem o fato de que algumas vezes são mortos se ordena a seu bem, porque não existe prêmio para eles após a morte. Logo, suas vidas não são regidas pela providência.

4. Além do mais, nada é regido pela divina providência a não ser que se ordene ao fim que ela mesma tenda, que não é outra coisa do que o próprio Deus. Ora, os animais irracionais não podem alcançar a participação de Deus, pois não são capazes de beatitude. Logo, parece que não são governados pela divina providência.

Ao contrário

1. É o que se diz em Mt 10,29 que: *nenhum dos pássaros cai na terra sem a permissão do Pai celeste.*

2. Além do mais, os animais irracionais são mais dignos do que as outras criaturas insensíveis. Ora, as outras criaturas caem sob a divina providência e, também, todos os seus próprios atos. Logo, também com maior razão os animais irracionais.

Respondo

Respondo dizendo que acerca disso houve dois erros. Com efeito, alguns disseram que os animais irracionais não são governados pela providência, a não ser enquanto participam da natureza da espécie, que é provida e ordenada por Deus. E a esse modo de providência se referem todas as afirmações que se encontram na Sagrada Escritura, que parecem implicar uma providência de Deus acerca dos animais irracionais, como se diz em Sl 146,9: *fornece alimento ao rebanho e aos filhotes do corvo, que grasnam* etc.; e também em Sl 103,9: *rugem os leõezinhos em busca da presa* etc., e muitas coisas semelhantes. Mas esse erro atribui a Deus a máxima imperfeição, pois não pode ser que Deus conheça os atos particulares dos animais irracionais e não lhes confira uma ordem, pois Ele é sumamente bom e, por isso, difunde sua bondade em todas as coisas. Por causa disso que esse erro ou derroga a ciência divina, subtraindo o conhecimento das coisas particulares, ou derroga a bondade divina subtraindo a ordenação dos entes singulares, enquanto são particulares. Por isso, outros disseram que também os atos dos animais irracionais caem sob a providência e, do mesmo modo, caem os atos dos seres racionais, a saber, de maneira que nenhum mal lhes sucede que não seja dirigido ao bem dos mesmos. Mas isso está também longe da razão, pois não se deve prêmio ou pena, a não ser que alguém possua livre-arbítrio. E, por isso, deve-se dizer que os animais irracionais e todos os seus atos também singulares caem sob a divina providência, mas não do mesmo modo com os homens e com os seus atos, porque com relação aos homens, inclusive nas coisas singulares, existe providência por si, mas os animais irracionais não são providos, a não ser por causa de outro, assim como também foi dito sobre as outras criaturas corruptíveis. E, por isso, o mal que ocorre no animal irracional não está ordenado ao seu bem, mas ao bem de outro, como a morte de um asno está ordenada ao bem do leão ou do lobo. Mas a morte do homem que é morto por um leão, não só se ordena a isso, mas principalmente para sua pena, ou para o aumento do mérito, que cresce pela paciência.

Respostas aos argumentos

1. Respondo, portanto, dizendo que o Apóstolo não intenciona remover absolutamente os animais irracionais do cuidado divino, mas intenciona dizer que Deus não cuida dos animais de modo que por causa dos animais irracionais dê lei aos homens, a saber, que lhes beneficie, ou que abstenha de matá-los, porque os animais irracionais foram criados para o uso dos homens. Por isso, não são providos por eles mesmos, mas por causa do homem.

2. Respondo dizendo que nos peixes e nos animais irracionais Deus ordenou isto, de modo que os mais débeis se submetam aos mais fortes, sem consideração de algum mérito ou demérito, mas apenas em função da conservação do bem da natureza. E, por isso, o profeta se admira se desse modo também se governassem as coisas humanas, o que é inconveniente.

3. Respondo dizendo que nas coisas humanas se requer uma ordem de providência distinta da dos animais irracionais. Por isso, se nas coisas humanas houvesse só essa ordem com a qual são ordenados os animais irracionais, as coisas humanas pareceriam desprovidas de providência, porém essa ordem é suficiente para a providência dos animais irracionais.

4. Respondo dizendo que o próprio Deus é o fim de todas as criaturas, mas de modo diverso, pois se diz que é fim de algumas criaturas enquanto participam de alguma similitude de Deus, e isso é comum a todas as criaturas. Das outras, porém, é fim de modo que as próprias criaturas alcançam o próprio Deus por sua operação. E isso só é próprio das criaturas racionais, que podem conhecer e amar a Deus, no qual consiste a beatitude delas.

ARTIGO 7

SÉTIMO, PERGUNTA-SE SE OS PECADORES SÃO GOVERNADOS PELA PROVIDÊNCIA DIVINA[67]

E parece que não.

67. Outros lugares: *In I Sent.* d. 39, q. 2, a. 2; *CG.* III, c. 1, c. 64, c. 75 e c. 94; *Super Dion. De div. Nom.*, cap. 3, l. 1; *STh.* I, q. 22, a. 2 e q. 103, a. 5; *CTheo.*, c. 123, c. 132 e c. 133; *De subst. Separ.*, c. 13-15.

Argumentos

1. Porque aquilo que está deixado por si mesmo não é governado. Ora, os maus estão deixados por si mesmos, como se diz em Sl 80,13: *então os entreguei ao seu coração endurecido; que sigam seus próprios caminhos* etc. Logo, os maus não são governados pela providência.

2. Além do mais, à providência, pela qual Deus governa os homens, pertence o que lhe confia a custódia dos anjos. Ora, os anjos custódios, às vezes, abandonam os homens, dos quais se diz em Jr 52: *nós queríamos curar Babilônia, mas ela não foi curada. Deixa-a! Vamos cada um para a nossa terra!* Logo, também os maus não são governados pela providência divina.

3. Além do mais, aquilo que se dá aos bons como prêmio não convém aos maus. Ora, isso está prometido aos bons como prêmio que serão governados por Deus, como se diz em Sl 33,16: *o Senhor tem os olhos sobre os justos*; logo etc.

Ao contrário

Ninguém pune com justiça os que não estão sob seu governo. Ora, Deus pune justamente os maus por aquelas coisas nas quais pecam. Logo, eles mesmos estão submetidos a seu mesmo governo.

Respondo

Respondo dizendo que a providência divina se estende aos homens de dois modos: de um modo, enquanto eles são providos; de outro modo, enquanto se tornam providentes. Contudo, por isso que ao prover falham, ou guardam a retitude, são chamados bons ou maus, porque sob a providência lhes são dadas por Deus coisas boas ou más; e na medida em que eles se comportam de modo diverso em seu prover, Deus providencia essas coisas de modo diverso. Com efeito, se guardam a reta ordem no prover, também a divina providência guarda neles a ordem côngrua à dignidade humana, a saber, de modo que nada lhes suceda que não chegue a seu bem, e que todas as coisas que lhes ocorrem os promovem ao bem, segundo aquilo que se diz em Rm 8,28: *Deus coopera em tudo para o bem daqueles que o amam*. Contudo, se em seu prover não guardam a ordem que é congruente com a criatura racional, mas que proveem segundo o modo dos animais irracionais, também a divina providência ordenar-lhes-á segundo a ordem que compete aos irracionais, a saber, de modo que as coisas que neles são boas ou más não se ordenam a seu bem próprio, mas ao bem dos outros, segundo isso que se diz no Sl 48,13: *mas o homem com seu luxo não entende, é semelhante ao animal mudo* etc. A partir disso fica evidente que a providência divina governa os bons de modo mais elevado do que os maus, pois, os maus, quando se desviam dessa única ordem da providência, ou seja, cumprir a vontade de Deus, incorrem em outra ordem, a saber, que a vontade de Deus se cumpra sobre eles. Mas os bons estão em reta ordem da providência nos dois modos.

Respostas aos argumentos

1. Respondo, portanto, dizendo que isso que se diz que Deus abandona os maus, não significa que eles sejam totalmente afastados da sua providência, mas porque não ordenam seus atos para sua promoção. E, principalmente, quanto aos réprobos.

2. Respondo dizendo que os anjos que estão destinados à custódia dos homens nunca abandonam totalmente o homem. Mas se diz que o abandonam enquanto, por justo juízo de Deus, é permitido que o homem caia em uma culpa ou em uma pena.

3. Respondo dizendo que esse modo especial de providência é prometido aos bons como prêmio. E isso não compete aos maus, como foi dito.

Artigo 8

Oitavo, pergunta-se se toda criatura corporal é governada pela providência divina mediante a criatura angélica[68]

E parece que não.

68. Outros lugares: *CG.* III, c. 76-78, c. 83 e c. 94; *STh.* I, q. 22, a. 3 e q. 103, a. 6; ibid. q. 110, a. 1; *CTheo.*, c. 124, c. 130 e c. 131; *De subst. Separ.*, c. 14.

Argumentos

1. Porque se diz em Jó 34,13: *quem lhe confiou o governo da terra, quem lhe entregou o universo?* Sobre isso diz Gregório:[69] *por si mesmo governa o mundo aquele que o criou por si mesmo*. Logo, Deus não governa a criatura corporal mediante a criatura espiritual.

2. Além do mais, Damasceno[70] diz no Livro II, que *não é conveniente que seja distinto o criador e o governador*. Ora, só Deus é criador de maneira imediata das criaturas corporais. Logo, também Ele governa sem intermediários as criaturas corporais.

3. Além do mais, Hugo de São Vítor diz no seu livro *Dos Sacramentos*,[71] que a providência divina é sua predestinação, que

69. GREGÓRIO, *Moral*, XXIV, c. 20: PL 76, 314 B.

70. JOÃO DAMASCENO, *De fide*, II, c. 29: PG 94, 964 A.

71. HUGO DE SÃO VÍTOR, *De Sacramentis*, I, p. II, c. 9: PL 176, 210.

é suma sabedoria e suma bondade. Ora, o sumo bem, ou a suma sapiência, não se comunica a nenhuma criatura. Portanto, nem a providência. Logo, Deus não provê as criaturas corporais mediante as espirituais.

4. Além de mais, segundo isso, as criaturas corporais são governadas pela providência, que são ordenadas ao fim. Mas os corpos são ordenados ao fim por suas operações naturais, que seguem suas determinadas naturezas. Portanto, como as naturezas dos corpos naturais não são determinadas pelas criaturas espirituais, mas de modo imediato por Deus, parece que não são governadas mediante as criaturas espirituais.

5. Além do mais, Agostinho, no Livro VIII do *Comentário literal ao Gênesis*,[72] distingue uma dupla operação da providência, uma delas é natural e a outra voluntária: e diz que é natural a que dá o incremento às árvores e às ervas, porém é voluntária a que se realiza por meio das obras dos anjos e dos homens. E, assim, fica claro que todas as criaturas corporais são governadas por uma operação natural da providência. Logo, não são governadas pelos anjos, porque assim a operação seria voluntária.

6. Além do mais, o que se atribui a alguém por razão de sua dignidade não convém àquele que não possui uma dignidade semelhante. Ora, como diz Jerônimo,[73] *tão grande é a dignidade das almas que cada uma delas tem um anjo encarregado de sua custódia*. Contudo, essa dignidade não se encontra nas criaturas corporais. Logo, não são confiadas à providência e ao governo dos anjos.

7. Além do mais, os efeitos e os cursos devidos às criaturas corporais são com frequência obstaculizados. Ora, isso não

72. AGOSTINHO, *Super Genesim ad litteram*, c. 9: PL 34, 379.

73. JERÔNIMO, *Commentariorum In Evangelium Matthaei*, III, c. 18: PL 26, 135 A.

ocorreria se fossem governados mediante os anjos, porque ou esses defeitos lhes sucederiam sob sua vontade, o que não pode ser, posto que os anjos foram criados para o contrário, a saber, para governar a natureza em conformidade à sua ordem devida; ou sucederiam contra a sua vontade, o que tampouco pode ser, porque dessa maneira não seriam bem-aventurados se lhes sucedesse algo contra sua vontade. Logo, as criaturas corporais não são governadas mediante as espirituais.

8. Além do mais, quanto mais nobre e poderosa é uma causa, tanto mais possui um efeito mais perfeito. Contudo, as causas inferiores produzem efeitos tais que podem ser conservados no ser, inclusive terminada a operação da causa eficiente, tal como uma faca termina a operação do artífice. Logo, com maior razão os efeitos divinos podem subsistir por si mesmos, sem o governo de uma causa providente. E, por isso, não necessitam ser governado por meio dos anjos.

9. Além do mais, a bondade divina criou todo o universo para a manifestação de si mesma, segundo se lê em Pr 16,4: *O Senhor tudo faz em vista de um fim*. Contudo, mais se manifesta a divina bondade, como diz também Agostinho,[74] na diversidade de naturezas do que na multiplicidade de seres que possuem a mesma natureza. E, por isso, não as criou racionais todas as criaturas ou existentes por si, mas que algumas as criou irracionais, e algumas existentes por outro, como os acidentes. Logo, parece que, para uma maior manifestação de si mesmo, não só criou seres que não necessitam do governo distante, mas também alguns que não necessitam de governo algum. E, assim, o mesmo que antes.

10. Além do mais, o ato da criatura é duplo: a saber, o primeiro e o segundo. Contudo, o primeiro é a forma, e o ser que dá

74. AGOSTINHO, *Cont. adv. Leg. Et proph.* I, c. 4: PL 42, 606.

a forma, dos quais se diz que a forma é ato primeiro em primeiro lugar, e o ser ato primeiro em segundo lugar, mas o ato segundo é a operação. Ora, os seres corporais segundo o ato primeiro procedem imediatamente de Deus. Ora, ninguém governa alguém, a não ser enquanto, de algum modo, é causa de sua operação. Logo, tais criaturas corporais não são governadas mediante as espirituais.

11. Além do mais, o modo de governo é duplo: um, por influxo da luz, ou de conhecimento, como o mestre governa a escola e o governador, a cidade; outro, por influxo do movimento, como o governador, o navio. Ora, as criaturas espirituais não governam as corporais por influxo do conhecimento ou da luz, porque essas criaturas corporais não são receptivas de conhecimento. De modo semelhante, nem por influência do conhecimento, porque o que move deve ser unido ao móvel, como se prova no Livro VII da *Física*,[75] e as substâncias espirituais não estão unidas com as substâncias inferiores. Logo, de nenhum modo, as criaturas corporais são governadas pelas espirituais.

12. Além do mais, segundo a afirmação de Agostinho,[76] Deus criou o mundo simultaneamente perfeito em todas as suas partes, como para mostrar desse modo seu poder. Mas, de maneira semelhante, também se mostraria digna de louvor sua providência se governasse todas as coisas de modo imediato. Logo, não governa as criaturas corporais mediante as espirituais.

13. Além do mais, Boécio diz no Livro III de *A Consolação da Filosofia*:[77] *Deus dispõe todas as coisas por si só*. Logo, os seres corporais não são dispostos pelos espirituais.

75. ARISTÓTELES, *Physica*, VII, c. 3, 243a3.

76. AGOSTINHO, *Super Genesim ad litteram*, IV, c. 33: PL 34, 317.

77. BOÉCIO, *De Consolatione Philosophiae*, III, prosa 12: PL 63, 779 A.

Ao contrário

1. É o que diz Gregório no Livro IV dos *Diálogos*:[78] *neste mundo visível nada pode estar disposto a não ser por meio da criatura invisível.*

2. Além do mais, Agostinho diz no Livro III do *Sobre Trindade*,[79] *todas as criaturas corporais são governadas com certa ordem por meio do espírito da vida.*

3. Além do mais, Agostinho, diz no livro *Das 83 Questões*,[80] que *Deus fez algumas coisas por si mesmo, como iluminar as almas e fazê-las beatas; outras por meio de uma criatura que estivesse a seu serviço e ordenada com perfeitíssimas leis segundo seus méritos, estendendo-se a providência divina até o cuidado com os pássaros, ao esplendor do prado e inclusive ao número de nossos cabelos*. Ora, a criatura que serve a Deus ordenada com leis perfeitíssimas é a criatura angélica. Logo, Deus por meio dela governa os seres corporais.

4. Além do mais, sobre o que se lê em Nm 22,21: *levantou-se Balaão, de manhã, selou a sua jumenta* etc, diz Orígenes[81] na Glosa: *o mundo tem necessidade de anjos, que estão acima das bestas e se ocupam do nascimento dos animais, das ramas e das plantações e do resto dos germes.*

5. Além do mais, Hugo de São Vítor[82] diz que o ministério dos anjos não só rege a vida humana, mas também aquelas coisas

78. GREGÓRIO, *Dialogorum*, IV, c. 6: PL 77, 329 B.

79. AGOSTINHO, *De Trinitate*, III, c. 4: PL 42, 873.

80. AGOSTINHO, *LXXXIII Quaestionum, quaestio* 53: PL 40, 36.

81. ORÍGENES, *In Num. Hom.* 14: PG 12, 680 B.

82. HUGO DE SÃO VÍTOR, *De sacramentis*, I, p. V, c. 34: PL 176, 263 A.

que se ordenam à vida dos homens. Ora, todos os seres corporais estão ordenados ao homem. Logo, todas as coisas são governadas mediante os anjos.

6. Além do mais, em todas as coisas coordenadas entre si as primeiras atuam sobre as posteriores, e não o inverso. Ora, as substâncias espirituais são anteriores às corporais, enquanto estão próximas ao primeiro princípio. Logo, pela ação das substâncias espirituais são governadas as corporais, e não o inverso.

7. Além do mais, o homem se diz um mundo menor, porque a alma dirige o corpo humano assim como Deus dirige todo o universo, no qual também a alma diante dos anjos se diz que é a imagem. Ora, nossa alma governa o corpo mediante alguns espíritos, que são, de fato, espirituais com relação ao corpo, mas são corporais com relação à alma. Logo, também Deus rege a criatura mediante as criaturas espirituais.

8. Além do mais, nossa alma realiza algumas operações de modo imediato, como entender e querer. Outras operações, porém, mediante instrumentos corporais, como as operações da alma sensitiva e vegetativa. Mas algumas operações Deus realiza de modo imediato, como fazer bem-aventuradas as almas, e outras que atuam nas substâncias superiores. Logo, também algumas operações suas serão realizadas nas substâncias inferiores, mediante as substâncias superiores.

9. Além do mais, a primeira causa não remove da causa segunda sua operação, mas a fortifica, como é claro pelo que se diz no Livro *Sobre as causas.*[83] Ora, se Deus governa todas as coisas de modo imediato, então as causas segundas não podem

83. *De causis*, comm. 1.

possuir operação alguma. Logo, Deus governa as inferiores por meio das superiores.

10. Além do mais, no universo existe algo que é governado e que não governa, como os corpos inferiores; e alguém que governa e não é governado, como Deus. Logo, algo será governante e governado, que é um meio entre ambos. Logo, Deus governa as criaturas inferiores, mediante as superiores.

Respondo

Respondo dizendo que a causa que produz as coisas no ser é a bondade divina, como dizem Dionísio[84] e Agostinho.[85] Com efeito, Deus quis comunicar à criatura a perfeição de sua bondade segundo o que era possível. Contudo, a bondade divina possui uma dupla perfeição: uma por si, a saber, enquanto contém em si toda perfeição de modo supereminente; a outra, enquanto influi nas coisas, a saber, que é causa das coisas. Por isso também era congruente com a bondade divina que ambas fossem comunicadas à criatura, a saber, de modo que a coisa criada recebesse da bondade divina não só o ser e o ser bom, mas também que pudesse dar com largueza a outros o ser e a bondade; assim como também o Sol, pela difusão de seus raios, não só faz com que os corpos iluminem, mas também que sejam capazes de iluminar, porém, guardada a ordem pela qual as coisas que são mais conformes com o Sol recebem em maior grau sua luz, de modo que não só se bastem a si mesmas, mas que também possam influir em outras.

Por isso, também, na ordem do universo as criaturas superiores possuem por influxo da bondade divina não só serem boas em si mesmas, mas também que sejam causa da bondade das ou-

84. PSEUDO-DIONÍSIO, *De divinis nominibus*, c. 4, § 1-4: PG 3, 693-699.

85. AGOSTINHO, *De doctrina christiana*, I, c. 32: PL 34, 32.

tras criaturas, que possuem o modo ínfimo de participação na bondade divina, a saber, que participam apenas do ser e não podem causar outras coisas. E, então, é que o agente é sempre mais nobre do que o paciente, como afirma Agostinho[86] e o Filósofo.[87] No entanto, entre as coisas superiores, as mais próximas a Deus são as criaturas racionais, que existem, vivem e entendem à semelhança de Deus. Por isso, a elas lhes é proporcionado pela bondade divina não só que influam sobre outras criaturas, mas, também, que possuam o mesmo modo de influir pelo qual Deus exerce seu influxo, a saber, por vontade, e não por necessidade de natureza.

Por isso, Deus governa as criaturas inferiores tanto pelas corpóreas espirituais, quanto pelas corporais; mas por meio das criaturas corpóreas provê de modo que não as converte em providentes, mas apenas em agentes, porém, mediante as criaturas espirituais provê de modo que as faz providentes. Ora, nas criaturas racionais se encontram uma ordem. Com efeito, nelas as almas racionais possuem o último grau,[88] e sua luz está obscurecida[89] com relação à luz que há nos anjos. Por isso, possuem também um conhecimento particular, como diz Dionísio.[90] E, então, sua providência está limitada a poucas coisas, a saber, às coisas humanas e àquelas coisas que podem suceder no uso da vida humana. Porém, a providência dos anjos é universal e se estende a toda criatura corporal. E, por isso, tanto os santos como os filósofos afirmam que todas as coisas corporais são governadas pela divina providência, mediante os anjos. Porém, nisso é

86. AGOSTINHO, *Super Genesim ad litteram*, XII, c. 16: PL 34, 467.

87. ARISTÓTELES, *De anima*, III, c. 5, 430a18.

88. AVERRÓIS, *De anima*, III, com. 5 e 17. [Ed. Crawford. v. VI/1. Cambridge: The Medieval Academy of America, 1953, p. 139B e 160F.]

89. ISAAC ISRAELI, *Liber de definitionibus*. [Ed. J. T. Muckle. In: AHDLMA, 11 (1937-1938), p. 313.]

90. PSEUDO-DIONÍSIO, *De caelesti hierarchia*, c. 12, § 2: PG 3, 292 C.

necessário diferir dos filósofos, porque alguns deles defendem que pela providência dos anjos não só são administradas as criaturas corporais, mas também que são criadas, o que é estranho à fé. Por isso, é necessário defender que, segundo a doutrina dos santos, tais criaturas corporais são administradas, mediante os anjos apenas por via de movimento, a saber, enquanto movem os corpos superiores, por cujos movimentos são causados os movimentos dos corpos inferiores.

Respostas aos argumentos

1. Respondo, portanto, dizendo que a afirmação "exclusivo" não exclui da operação o instrumento, mas outro agente principal, como quando se diz que só Sócrates faz uma faca, não se exclui a operação do martelo, mas de outro fabricante. De tal maneira, também, quando se diz que Deus governa o mundo por si, não se exclui a operação de causas inferiores, com as quais Deus atua por modo de instrumento intermediário, mas que se exclui o governo de outro governante principal.

2. Respondo dizendo que o governo de uma coisa pertence à sua ordem ao fim. Contudo, a ordem de uma coisa ao fim pressupõe seu ser. Mas o ser não pressupõe nenhuma outra coisa. E, por isso, a criação, segundo que as coisas são estabelecidas no ser, é própria daquela única causa que não pressupõe nenhuma outra pela qual seja sustentada, mas o governo pode ser daquelas causas que pressupõem outras. E, por isso, não é necessário que Deus tenha criado mediante algumas criaturas, com as quais mediante elas governa.

3. Respondo dizendo que as coisas que Deus tem concedido às criaturas não podem estar nas criaturas do mesmo modo com o qual estão em Deus. E, por isso, entre os nomes que se dizem de Deus aparece esta diferença, que aqueles que expressam de modo absoluto uma perfeição são comunicáveis às criaturas, mas aqueles que expressam junto com a perfeição o modo com que se encontram em Deus não podem ser comunicados às criaturas, como a onipotência, a suma sabedoria e a suma bondade. E, por isso, é claro que, ainda que não seja comunicado à criatura o sumo bem, porém, a providência pode ser comunicada.

4. Respondo, dizendo que, ainda que a instituição da natureza, por meio da qual as realidades corporais se inclinam a seu fim, procede de Deus de modo imediato, porém, seu movimento e sua ação podem se dar mediante os anjos, como também as razões seminais na natureza inferior procedem apenas de Deus, mas por meio da providência de um agricultor são ajudadas de modo que passam ao ato. Por isso, como o agricultor governa o cultivo do campo, assim pelos anjos é administrada toda a operação da criatura corpórea.

5. Respondo dizendo que Agostinho distingue a operação natural da providência da qual é voluntária conforme a consideração dos princípios próximos de uma operação, porque o princípio próximo da subjacente providência divina é a natureza, porém da outra é a vontade. Mas o princípio remoto de todas as coisas é a vontade, ao menos a divina. Por isso, o argumento não procede.

6. Respondo dizendo que assim como todas as coisas corpóreas estão sujeitas à providência divina, e, porém, diz-se que tem cuidado apenas dos homens por causa do modo especial da providência, assim também, ainda que todas as coisas corpóreas estejam submetidas ao governo dos anjos, contudo, porque são colocados de modo especial na custódia dos homens, isso é atribuído à dignidade das almas.

7. Respondo dizendo que assim como a vontade de Deus que governa não exclui os defeitos que sucedem nas coisas, mas os concede ou permite, assim também é próprio das vontades dos anjos que se conformem, de modo perfeito, à vontade divina.

8. Respondo dizendo que, assim como diz Avicena na sua *Metafísica*,[91] nenhum efeito pode permanecer se se lhe removesse o que era sua causa enquanto tal. Mas, nas causas inferiores, algumas são causas do fazer, outras, porém, do ser. E se diz causa do fazer a que induz a forma da potência da matéria pelo movimento, como o fabricante é causa eficiente da faca. Contudo, a causa do ser da coisa é aquilo por meio do qual o ser da coisa depende de si, como o ser da luz no ar depende do Sol. Se for suprimido o artesão, cessa a produção da faca, mas não seu ser. Contudo, se o Sol ficasse ausente, cessaria o ser da luz no ar. E, de modo semelhante, cessando a ação divina, a criatura se debilitaria totalmente, pois Deus não é somente causa do fazer, mas também de seu ser.

9. Respondo dizendo que essa condição não é possível na criatura, de modo que possua o ser sem alguém que o conserve, pois isso repugna a noção de criatura, que, como tal, possui o ser causado e, por essa mesma razão, depende de outro.

10. Respondo dizendo que se requerem muitas coisas mais para o ato segundo do que para o ato primeiro. E, por isso, não é inconveniente que algo seja causa de alguma coisa quanto ao movimento e à operação, e que não seja causa sua quanto ao ser.

11. Respondo dizendo que a criatura espiritual governa a corporal por influência do movimento. Nem por isso é necessário

91. AVICENA, *Metaphysica*, VI, c. 2, f. 92ra C. [Venetiis, Apud Iunctas, 1508.]

que, por causa disso, estejam unidas a todas as realidades corpóreas, mas apenas àquelas que movem de modo imediato, a saber, pelos primeiros corpos; nem que estejam unidas a eles como formas, como alguns[92] defenderam, mas só como motores.

12. Respondo dizendo que a grandeza da providência e da bondade divinas se manifesta mais nisso por governar os seres inferiores por meio dos superiores, do que governar todas as coisas de modo imediato, porque, segundo isso, a perfeição da bondade divina se comunica às criaturas segundo muitas coisas, como é claro pelo dito.

13. Respondo dizendo que, quando se diz que se faz algo por meio de outro, essa preposição "por" implica a causa da operação. Ora, como a operação é intermediária entre o que atua e o atuado, pode implicar a causa da operação, segundo que termina no atuado. E, assim, diz-se que se faz algo por instrumento, ou na medida em que sai do atuante. E, assim, diz-se que algo é feito pela forma do agente (pois, não é o instrumento a causa do agente que age, mas só o é a forma do agente ou um agente superior). Mas o instrumento é a causa para o atuado, porque recebe a ação do agente. Portanto, quando se diz que Deus dispõe por si mesmo todas as coisas, "por" denota a causa da disposição divina, na medida em que sai de Deus que dispõe. E, assim, diz-se que dispõe só por si mesmo, porque não é movido por outro superior que dispõe, nem dispõe por uma forma externa, mas por bondade própria.

92. Tomás indica alguns deles em *De pot.*, q. 6, a. 6. Cfr. ORÍGENES, *Peri archon*, I, c. 7: PG 11, 173 B-C; JERÔNIMO, *Comment. In Eccl.*, 1, 6: PL 23, 1068B-C; AVICENA, *Metaphysica*, X, c. 1, fol. 108r. [Venetiis, 1508.]

Artigo 9

Nono, pergunta-se se a providência divina dispõe os corpos inferiores pelos corpos celestes[93]

E parece que não.

93. Outros lugares: *In II Sent.* d. 15, q. 1, a. 2; *CG.* III, c. 82; *STh.* I, q. 22, a. 3 e q. 115, a. 3; *CTheo.*, c. 127.

Argumentos

1. Porque, como diz Damasceno[94] no Livro II: *nós afirmamos que eles*, a saber, os corpos superiores, *não são causa de nenhuma das coisas que foram feitas, nem da corrupção daquelas que se corrompem*. Logo, como os seres inferiores são geráveis e corruptíveis, não são governados pelos corpos superiores.

2. Mas se poderia dizer que não se diz que são causa deles, porque não induzem necessidade nesses corpos inferiores. – Mas, ao contrário, se um efeito do corpo celeste for impedido nesses seres inferiores, isso não poderia ser senão por causa de alguma disposição que se encontra neles. Mas se esses inferiores fossem governados pelos superiores, é necessário também que se reduzisse essa disposição que põe um impedimento por alguma força de corpo celeste. Logo, o impedimento não pode estar nessas coisas inferiores, a não ser segundo a exigência dos

94. JOÃO DAMASCENO, *De fide*, II, c. 7: PG 94, 893 B.

superiores. E, assim, se os superiores têm necessidade em seus movimentos, também induziriam a necessidade nos inferiores se fossem governados pelos superiores.

3. Além do mais, para que uma ação seja completa é suficiente um agente e um paciente. Ora, nesses seres inferiores se encontram forças ativas naturais e também forças passivas. Portanto, para suas ações não se exige a força de corpo celeste. Logo, não são governados mediante os corpos celestes.

4. Além do mais, diz Agostinho[95] que nas coisas é encontrado algo que é atuado e que não é agente, como são os corpos. Algo, porém, que é agente e que não é atuado, como Deus, e algo que é agente e atuado, como as substâncias espirituais. Ora, os corpos celestes são puros corpos. Logo, não possuem a capacidade de atuar nos corpos inferiores. E, assim, as coisas inferiores não são dispostas mediantes aquelas.

5. Além do mais, se um corpo celeste fizesse algo nos corpos inferiores, agiria enquanto é corpo, a saber, pela forma corporal, ou por alguma outra coisa. Ora, não enquanto é corpo, porque assim o agir conviria a qualquer corpo, que segundo Agostinho não parece adequado.[96] Logo, se atuassem, atuariam por alguma outra coisa. E, assim, a essa força incorpórea deve ser atribuída a ação e não aos mesmos corpos celestes. Portanto, o mesmo que antes.

6. Além do mais, o que não convém ao anterior não convém também ao posterior. Ora, como diz o Comentador no livro *A substância do orbe*,[97] as formas corporais pressupõem as

95. AGOSTINHO, *De civitate Dei*, V, c. 9: PL 41, 151.

96. AGOSTINHO, *De civitate Dei*, V, c. 9: PL 41, 151.

97. AVERRÓIS, *Exposição sobre a substântia do orbe*. Tradução Anna Lia et al. Porto Alegre: EDIPUCRS, 2006. p. 67.

dimensões indeterminadas na matéria, mas as dimensões não agem, porque a quantidade não é princípio de nenhuma atuação. Portanto, nem as formas corporais são princípios de ações. Logo, nenhum corpo atua em algo, a não ser por virtude incorporal existente nele. Portanto, o mesmo que antes.

7. Além do mais, no Livro II do *Sobre as causas*,[98] sobre esta proposição: *toda alma nobre possui três operações* etc., diz o Comentador que a alma atua na natureza com a força divina que existe nela. Ora, a alma é muito mais nobre que o corpo. Logo, nem o corpo pode fazer algo na alma a não ser por alguma força divina existente nele. E, assim, o mesmo que antes.

8. Além do mais, aquilo que é mais simples não é movido por aquilo que é menos simples. Ora, as razões seminais que estão na matéria dos corpos inferiores são mais simples do que a força corporal do próprio céu, porque essa força está extinta na matéria, o que não pode ser dito das razões seminais. Logo, as razões seminais dos corpos inferiores não podem ser movidas por meio da força do corpo celeste. E, assim, não são governadas em seus movimentos pelos corpos celestes.

9. Além do mais, Agostinho diz no Livro V da *Cidade de Deus*:[99] *nada pertence tanto ao corpo do que o próprio sexo do corpo; e porém sob a mesma posição das estrelas pode-se conceber diversos sexos em gêmeos*. Portanto, tampouco nos seres corpóreos superiores possuem influxo os corpos celestes. E, assim, o mesmo que antes.

10. Além do mais, a causa primeira influi no causado pela causa segunda, inclusive mais que a causa segunda, como

98. *De causis*, Proposição 3.

99. AGOSTINHO, *De civitate Dei*, V, c. 6: PL 41, 146.

se diz no princípio do livro *Sobre as causas.*[100] Ora, se os corpos inferiores fossem governados por meio dos superiores, então as forças dos corpos superiores seriam como causas primeiras em relação às forças inferiores, que serão como causas segundas. Logo, os efeitos que acontecem nos corpos inferiores seguirão mais a disposição dos corpos celestes do que a força dos corpos inferiores. Mas neles se encontra a necessidade, porque sempre se comportam do mesmo modo. Portanto, também os efeitos inferiores serão necessários. Porém, isso é falso. Logo, também o primeiro, a saber, que os corpos inferiores são governados pelos corpos superiores.

11. Além do mais, o movimento do céu é natural, como se diz no Livro I *Sobre o céu e o mundo.*[101] E, assim, não parece que seja voluntário ou eletivo. E, dessa maneira, as coisas que são causadas por ele não são causadas por meio de uma eleição. E, assim, não estão submetidas à providência. Ora, é inconveniente que os corpos inferiores não estejam governados pela providência. Logo, é inconveniente que o movimento dos corpos superiores seja causa dos inferiores.

12. Além do mais, posta a causa se põe o efeito. Logo, o ser da causa é como o antecedente do ser do efeito. Ora, se o antecedente for necessário, também o consequente será necessário. Portanto, se a causa for necessária, também será o efeito. Ora, os efeitos que sucedem nos corpos inferiores não são necessários, mas contingentes. Logo, não são causados pelo movimento do céu, que é necessário por ser natural. E, assim, o mesmo que antes.

13. Além do mais, aquilo pelo qual se faz algo é mais nobre do que isto. Ora, todas as coisas são feitas por causa do

---

100. *De causis*, Proposição 1.

101. ARISTÓTELES, *De caelo*, I, c. 3, 268b14. [*Do céu*, obra publicada em *Clássicos Edipro*. (N.E.)]

homem, inclusive os corpos celestes, como se diz em Dt 4,19: *levando teus olhos ao céu e vendo o sol, a lua, as estrelas e todo o exército do céu, não te deixes seduzir para adorá-los e servi-los! São coisas que o Senhor teu Deus repartiu entre todos os povos que vivem sob o céu*. Portanto, o homem é mais digno do que as criaturas celestes. Ora, o mais vil não influi no mais nobre. Logo, os corpos celestes não influem no corpo humano. E, pela mesma razão, nem os outros corpos, que são prévios ao corpo humano, como são os elementos.

14. Mas se poderia dizer que o homem é mais nobre que os corpos celestes quanto à alma, mas não quanto ao corpo. – Mas, ao contrário, é mais nobre a perfeição de uma coisa mais nobre perfectível. Ora, o corpo do homem possui uma forma mais nobre do que o corpo do céu, pois a forma do céu é puramente corporal, pela qual a alma racional é muito mais nobre que ela. Logo, também o corpo humano é mais nobre que o corpo celeste.

15. Além do mais, um contrário não é causa de seu contrário. Ora, a virtude do corpo celeste, às vezes, opõe-se aos que são produtos dos efeitos nos corpos inferiores, como quando, às vezes, o corpo celeste move a umidade, enquanto o médico tenta ressecar a matéria para produzir a saúde, que, também, em certas ocasiões, o induz, apesar da disposição contrária do corpo celeste. Logo, os corpos celestes não são causa dos efeitos corporais nos corpos inferiores.

16. Além do mais, como toda ação se realiza pelo contato, o que não está tocando não atua. Ora, os corpos celestes não tocam os corpos inferiores. Portanto, não atuam neles. E, assim, o mesmo que antes.

17. Mas se poderia dizer que os corpos celestes tocam os corpos inferiores, mediante um corpo intermediário. – Mas, ao contrário, sempre que há contato e ação por algo intermediário, é necessário que esse intermédio receba antes e no último o efeito do agente, como o fogo aquece antes o ar do que a nós. Ora, os efeitos das estrelas e do Sol não podem ser recebidos nos corpos inferiores que têm por natureza a quinta-essência. E, assim, não são suscetíveis do calor e do frio, nem de outras disposições que se encontram nos corpos inferiores. Logo, uma ação não pode passar mediante eles desde os corpos superiores aos ínfimos.

18. Além do mais, a providência se comunica ao que é meio da providência. Ora, a providência não pode se comunicar aos corpos celestes, posto que carecem de razão. Logo, não podem ser meio na providência das coisas.

Ao contrário

1. É o que diz Agostinho no Livro III do *Sobre a Trindade*:[102] *os corpos mais rudes e ínfimos são regidos com certa ordem pelos que são mais sutis e mais fortes*. Ora, os corpos celestes são mais sutis e mais poderosos que os inferiores. Logo, os inferiores são governados por aqueles.

2. Além do mais, Dionísio diz no capítulo IV do *Sobre os nomes divinos*,[103] que *o raio do Sol confere a geração visível dos corpos e os move à vida, e nutre e os faz crescer*. Ora, esses são os efeitos mais nobres nos corpos inferiores. Logo, também todos os outros efeitos corporais são produzidos pela providência divina mediante os corpos celestes.

---

102. AGOSTINHO, *De Trinitate*, III, c. 4: PL 42, 873.

103. PSEUDO-DIONÍSIO, *De divinis nominibus*, IV, § 4: PG 3, 700 A.

3. Além do mais, segundo o Filósofo no Livro II da *Metafísica*,[104] aquilo que é primeiro em algum gênero é causa das coisas que são posteriores nesse gênero. Ora, os corpos celestes são primeiros no gênero dos corpos, e seus movimentos são primeiros entre os outros movimentos corporais. Logo, são causa dos seres corporais que agem aqui. E, assim, o mesmo que antes.

4. Além do mais, o Filósofo diz no Livro II do *Sobre a geração e a corrupção*,[105] que a rotação do Sol em uma órbita inclinada é causa da geração e da corrupção nos corpos inferiores. Por isso, também, as gerações e as corrupções são medidas pelo movimento citado. Também, no livro *Sobre a geração dos animais*,[106] diz que todas as diversidades que existem nos seres concebidos procedem dos corpos celestes. Logo, os corpos inferiores são regidos por meio daqueles.

5. Além do mais, Maimônides[107] diz que o céu está no mundo como o coração no animal. Ora, todos os outros membros são governados pela alma mediante o coração. Logo, todos os outros corpos são governados por Deus mediante o céu.

Respondo

Respondo dizendo que a intenção comum de todos os autores foi reduzir, na medida do possível, a multiplicidade à unidade, a variedade à uniformidade. E, por isso, os antigos,[108]

---

104. ARISTÓTELES, *Metaphysica*, II, c. 2, 993b24.
105. ARISTÓTELES, *De generatione et corruptione*, II, c. 10, 336a31.
106. ARISTÓTELES, *De generatione animalium*, IV, c. 10, 777b20.
107. MOISÉS MAIMÔNIDES, *Doctor perplexorum*, I c. 71. [Ed. D. G. Maeso. Madrid: Editora Nacional, 1984.]
108. Cfr. ARISTÓTELES, *Metaphysica*, I, c. 4, 983b20; *Physica*, I, c. 2, 184b15; *De caelo*, III, c. 8, 302a28.

considerando a diversidade das ações nos corpos inferiores, tentaram reduzir a uns poucos e simples princípios, a saber, aos elementos, muitos ou uno, e às qualidades elementares. Ora, essa posição não é racional. Com efeito, as qualidades elementares se encontram nas ações das coisas naturais como princípios instrumentais. Sinal disso é que não possuem o mesmo modo de ação em todos, tampouco suas ações chegam ao mesmo término. De fato, têm um efeito distinto no ouro, na madeira e na carne animal, o que não ocorreria a não ser que atuassem enquanto são regulados por outros. Contudo, a ação de um agente principal não se reduz à ação do instrumento, como ao princípio, mas antes o inverso, assim como o efeito da arte não deve se atribuir à serra, mas ao artífice. Por isso, também, os efeitos naturais não podem ser reduzidos às qualidades elementares como a seus primeiros princípios.

Por isso, outros autores, a saber, os platônicos, reduziram-nos às formas simples e separadas, como a seus primeiros princípios, das quais, como diziam, procediam o ser e a geração e toda propriedade natural nos corpos inferiores. Ora, isso tampouco pode ser aceito. Com efeito, de uma causa que se comporta do mesmo modo procede um efeito que se comporta sempre do mesmo modo. Contudo, estabeleciam que essas formas eram imóveis, por isso seria necessário que a geração derivada deles sempre deveria se dar de modo uniforme nos corpos inferiores, mas com os sentidos comprovamos o contrário. Por isso, é necessário estabelecer que os princípios da geração e da corrupção e dos demais movimentos consequentes nos corpos inferiores são alguns que não se comportam sempre do mesmo modo. É necessário, porém, que eles permaneçam sempre como princípios primeiros da geração, para que a geração possa se dar com continuidade. E, por isso, é preciso que sejam invariáveis segundo a substância e que se movam apenas segundo o lugar, de modo que efetuem movimentos diversos, mediante acesso e recesso, nos corpos inferiores. Os corpos celestes são desse tipo e, por isso, é preciso reduzir a eles todos os efeitos corporais como nas causas.

Ora, nessa redução tem ocorrido um erro duplo. Com efeito, alguns reduziram os corpos inferiores aos corpos celestes como a suas causas absolutamente primeiras, porque não admitiam nenhuma substância incorpórea. Por isso, os primeiros entre os corpos eram os primeiros entre os entes. Ora, isso parece claramente falso. Com efeito, tudo que se move é necessário que seja reduzido a um princípio imóvel, porque nada se move por si mesmo, e não se pode proceder ao infinito. Contudo, o corpo celeste, ainda que não varie segundo a geração e a corrupção, ou segundo certo movimento que varie algo que esteja inserido em sua substância, porém, é movido segundo o lugar. Por isso, é necessário realizar a redução a um princípio anterior, de modo que aquelas coisas que se alteram sejam reduzidas segundo certa ordem a um que as altera e que não seja alterado, e o movimento segundo o lugar se reduza ulteriormente ao que de nenhum modo se move.

Outros, porém, estabeleceram que os corpos celestes eram as causas dos corpos inferiores não só quanto ao movimento, mas também quanto a sua primeira constituição, como diz Avicena em sua *Metafísica*[109] que, por isso que é comum a todos os corpos celestes, a saber, a natureza de seu movimento circular, é causado nos corpos inferiores o que é comum a eles, a saber, a matéria primeira, e por aquilo no qual mutuamente diferem os corpos celestes é causada a diversidade das formas nos corpos inferiores, de modo que os corpos celestes são intermédios entre Deus e esses corpos inferiores também de alguma maneira com relação à instituição. Ora, isso é contrário à fé, a qual estabelece que toda natureza existe imediatamente por Deus, posta segundo sua primeira instituição. Porém, uma criatura é movida por outra, pressupostas as forças naturais concedidas a ambas as criaturas, pela ação divina. E, por isso, sustentamos que os corpos celestes são causas dos corpos in-

109. AVICENA, *Metaphysica*, IX, c. 5, fol. 105r. [Venetiis, 1508.]

feriores apenas por via de movimento, e assim são intermediários na obra do governo, mas não na obra da criação.

Respostas aos argumentos

1. Respondo, portanto, dizendo que Damasceno pretende excluir dos corpos celestes a causalidade primeira, ou inclusive a imposição de necessidade com relação aos corpos inferiores. Com efeito, ainda que os corpos celestes atuem sempre do mesmo modo, porém seu efeito é recebido nos inferiores segundo o modo desses dos corpos inferiores, que com frequência se encontram com disposições contrárias. Por isso, as forças celestes nem sempre induzem seus efeitos nos corpos inferiores por causa do impedimento de uma disposição contrária. E isso é o que o Filósofo diz no livro *Sobre o sonho e a vigília*,[110] que com frequência se produzem sinais de chuvas e ventos, que, porém, não ocorrem por causa de disposições contrárias mais fortes.

2. Respondo dizendo que essas disposições que se opõem à força celeste não são causadas em sua origem pelo corpo celeste, mas pela operação divina, pela qual o efeito do fogo é cálido e a água é fria e assim com relação aos outros. E, dessa maneira, não é necessário reduzir todos os impedimentos desse tipo às causas celestes.

3. Respondo dizendo que as forças ativas nos corpos inferiores são apenas instrumentos, por isso, como o instrumento não move, a não ser movido pelo agente principal, assim nem as forças ativas podem atuar, a não ser que sejam movidas pelos corpos celestes.

110. Na verdade, a referência é desta obra de ARISTÓTELES, *De divinatione per somnum*, c. 2, 463b23.

4. Respondo dizendo que a objeção se refere a certa opinião que se encontra no livro *Fonte da Vida*,[111] que sustenta que nenhum corpo atua pela força corporal, mas a quantidade que está na matéria impede que a forma atue, e toda ação que se atribua ao corpo é própria de uma força espiritual que atua no mesmo corpo. E Maimônides[112] diz que essa opinião é própria dos que falam da lei dos mouros, pois dizem que o fogo não aquece, mas que Deus aquece no fogo. Ora, essa posição é estúpida, posto que tira as operações naturais de todas as coisas, e é contrária às afirmações dos filósofos e dos santos. Por isso, dizemos que os corpos atuam por sua força corpórea, e, porém, Deus atua em todas as coisas como a causa primeira atua na causa segunda. Portanto, o fato de que os corpos sejam atuados e não atuem deve ser entendido segundo isso que denomina atuar o que tem domínio sobre sua ação. E, segundo esse modo de falar, diz Damasceno[113] que os animais irracionais não atuam, mas que são atuados. Por isso, porém, não se exclui que atuam, na medida em que o agir é exercer alguma ação.

5. Respondo dizendo que o agente sempre é diverso ou contrário, como se diz no Livro I do *Sobre a geração e corrupção*[114] e, por isso, ao corpo não compete atuar sobre outro corpo, segundo isso que tem de comum com ele, mas segundo aquilo no qual se distingue dele. E, por isso, o corpo não atua enquanto é corpo, mas enquanto é tal corpo, como também animal não raciocina enquanto é animal, mas enquanto é homem. E, de modo semelhante, ao fogo não aquece enquanto é corpo, mas enquanto é cálido. E, de igual modo, também ocorre com o corpo celeste.

111. AVICEBRÃO, *Fons vitae*, tr. II n. 9-10. [Ed. Münster 1895, p. 40-1.]

112. MAIMÔNIES, *Doctor perplexorum*, I, c. 72. [Ed. D. G. Maeso. Madrid: Editora Nacional, 1984.]

113. JOÃO DAMASCENO, *De fide*, II, c. 27: PG 94, 960 D.

114. ARISTÓTELES, *De generatione et corruptione*, I, c. 7, 324a11.

6. Respondo dizendo que as dimensões são pressupostas na matéria, não em ato completo antes das formas naturais, mas em ato incompleto. E, por isso, são anteriores na via da matéria e da geração, mas a forma é anterior na via de complemento. Contudo, segundo isso, atua o que é completo e ente em ato, não segundo que está em potência, pois, segundo isso, sofre uma ação. E, por isso, não se segue que, se a matéria ou as dimensões preexistentes na matéria não atuassem, a forma atuaria, mas o inverso. No entanto, seguir-se-ia que, se não sofrem, a forma não sofre e, porém, a forma do corpo celeste não está inserida nele mediante tais dimensões, como diz o Comentador no mesmo lugar.

7. Respondo dizendo que a ordem dos efeitos deve responder à ordem das causas. Contudo, nas causas, segundo o autor desse livro, encontra-se uma ordem tal que em primeiro lugar está a primeira causa, a saber, Deus; em segundo lugar, porém, a inteligência; mas, em terceiro lugar, a alma. Por isso, também o primeiro efeito, que é o ser, que se atribui propriamente à causa primeira, e o segundo, que é o conhecer, atribui-se à inteligência, o terceiro, que é mover, atribui-se à alma. Contudo, a causa segunda sempre atua em virtude da causa primeira e, assim, possui algo de sua operação, assim como também as órbitas inferiores possuem algo do movimento da primeira órbita. Por isso, também, a inteligência, segundo o mesmo autor, não só entende, mas também dá o ser; e a alma, que, segundo ele, está regida pela inteligência, não só move, que é ação animal, mas também entende, que é ação intelectual, e dá o ser, que é ação divina. E digo isso da alma nobre, que ele entende que é a alma do corpo celeste ou qualquer outra alma racional. Logo, assim, não é necessário que seja apenas a força divina a que move imediatamente, mas também as causas inferiores pelas forças próprias, segundo que participam das causas superiores.

8. Respondo dizendo que, segundo Agostinho,[115] dizem-se razões seminais a todas as forças ativas e passivas estabelecidas em todas as criaturas por Deus, mediante as quais Ele põe no ser os efeitos naturais. Por isso, Agostinho diz no Livro III do *Sobre a Trindade*,[116] que assim *como as mães estão grávidas de seus fetos, assim o mesmo mundo está grávido das causas de tudo que nasce*, expondo o que antes havia dito das razões seminais, pelas quais havia chamado também forças e faculdades distribuídas às coisas. Por isso, entre essas razões seminais se contêm também as forças ativas dos corpos celestes, que são mais nobres do que as forças ativas dos corpos inferiores, e dessa maneira podem movê-las. E dizem-se razões seminais enquanto que as causas ativas são originariamente todos os efeitos como em certas sementes. Porém, se se entendessem as razões seminais como incoações das formas, que estão na matéria primeira, segundo que está em potência para todas as formas, como pretendem alguns, ainda que não concorde com as afirmações de Agostinho, porém, se pode dizer que sua simplicidade é devida à sua imperfeição, como também a matéria primeira é simples. E, por isso, não se deriva que não podem ser movidas, como tampouco a matéria primeira.

9. Respondo dizendo que é necessário reconduzir a diversidade dos sexos a algumas causas celestes. Com efeito, todo agente tenta assimilar a si mesmo, segundo o que pode. Por isso, a força ativa que está no sêmen do macho tende sempre ao que o concebido seja do sexo masculino, que é mais perfeito. Assim, o sexo feminino ocorre fora da intenção da natureza do agente particular. Portanto, se não existisse alguma força que tendesse ao sexo feminino, a geração da mulher seria totalmente por aca-

115. AGOSTINHO, *De Trinitate*, III, c. 8: PL 42, 875; *Super Genesim ad litteram*, IX, c. 17: PL 34, 406.

116. AGOSTINHO, *De Trinitate*, III, c. 9: PL 42, 878.

so, como também a dos monstros. E, por isso, diz-se que, ainda que esteja fora da intenção da natureza particular, por cuja razão se chama a mulher um macho falho, porém, pertence à intenção da natureza universal, que é a força do corpo celeste, como diz Avicena.[117] Ora, pode haver um impedimento por parte da matéria, que nem a força celeste nem uma força particular consiga seu efeito, a saber, a produção do sexo masculino. Por isso, às vezes, gera-se uma mulher inclusive existindo uma disposição no corpo celeste ao contrário, por causa de uma indisposição da matéria ou o contrário, gerar-se-á um sexo masculino contra a disposição do corpo celeste, por causa do triunfo de uma força particular sobre a matéria. Logo, ocorre que na concepção de gêmeos a matéria seja separada pela ação da natureza, uma parte da qual obedece à força agente mais do que outra, por causa de alguma indigência da outra. E, por isso, em uma parte se gera um sexo feminino, e em outra um masculino, ou o corpo celeste dispõe a um ou a outro, porém, isso pode ocorrer quando o corpo celeste dispõe ao sexo feminino.

10. Respondo dizendo que a causa primeira influi mais do que a segunda enquanto seu efeito é mais ínfimo e mais permanente no causado do que o efeito da causa segunda. Mas o efeito se assemelha mais à causa segunda, porque por ela se determina de algum modo à ação da primeira causa a esse efeito determinado.

11. Respondo dizendo que, ainda que o movimento celeste, segundo que é ato do corpo móvel, não seja um movimento voluntário, segundo que é ato do que se move, porém, é voluntário, isto é, causado por alguma vontade. E, segundo isso, as coisas que são causadas por esse movimento podem cair sob a providência.

117. AVICENA, *Metaphysica*, VI, c. 5, fol. 94va. [Venettis, 1508.]

12. Respondo dizendo que o efeito não se segue da causa primeira, a não ser que esteja posta a causa segunda. Por isso, a necessidade das causas primeiras não induz necessidade no efeito, a não ser que esteja posta a necessidade na causa segunda.

13. Respondo dizendo que o corpo celeste não é feito por causa do homem como seu fim principal, mas seu fim principal é a bondade. E, assim, que o homem seja mais nobre do que o corpo celeste não deriva da natureza do corpo, mas da natureza da alma racional. E, além disso, dado que também o corpo do homem fora absolutamente mais nobre que o corpo celeste, nada impede que o corpo celeste seja mais nobre do que o corpo humano com relação a algo, a saber, que tenha a capacidade ativa, enquanto o corpo humano possui capacidade passiva. E, assim, poderá agir sobre o mesmo. E, assim, também o fogo, enquanto é cálido em ato, atua no corpo humano enquanto é cálido em potência.

14. Respondo dizendo que a alma racional é também certa substância e é ato do corpo. Logo, enquanto é substância, é mais nobre do que a forma celeste, mas não enquanto é ato do corpo. Ou se pode dizer que a alma é da perfeição do corpo humano, tanto como forma e como motor, porém o corpo celeste, porque é mais perfeito, não requer substância alguma espiritual que lhe aperfeiçoe só como motor. E essa perfeição, segundo a natureza, é mais nobre do que a alma humana. Ainda que também alguns tenham proposto que os motores unidos às órbitas são suas formas, o que Agostinho deixa na dúvida no livro *Comentário literal ao Gênesis*,[118] e Jerônimo[119] também parece estar de acordo ao comentar Ecl 1,6: *o vento sopra em direção*

118. AGOSTINHO, *Super Genesim ad litteram*, c. 18: PL 34, 279.

119. JERÔNIMO, *Comment. in Eccl.*, I, 6: PL 23, 1068 B-C.

ao sul, gira para o norte, e girando e girando vai o vento em suas voltas, na sua Glosa diz: *chamou o espírito ao Sol, que como um animal respira e vive*. Porém, Damasceno[120] no Livro II diz o contrário: *ninguém*, diz, *considera que os céus ou as estrelas sejam animados: são, pois, inanimados e insensíveis*.

15. Respondo dizendo que a ação também de um contrário, que se opõe à força ativa de um corpo celeste, possui uma causa no céu. Os filósofos estabeleceram, pois, que através do movimento primeiro os seres inferiores são conservados em suas ações. E, assim, esse movimento contrário que atua impedindo o efeito de um corpo celeste, como o cálido que impede a umidade da lua, tem uma causa celeste. E, desse modo, também a saúde que alcança não se opõe totalmente à ação do corpo celeste, mas possui nele alguma raiz.

16. Respondo dizendo que os corpos celestes tocam os corpos inferiores, mas não são tocados por eles, como se diz no Livro I do *Sobre a geração e a corrupção*,[121] tampouco qualquer um deles toca qualquer corpo inferior de modo imediato, mas por meio de algo intermediário, como disseram.

17. Respondo dizendo que a ação de um agente é recebida no intermediário por modo de intermediário. E, por isso, às vezes, é recebida no intermediário de modo distinto do que no último, como a força de um ímã atrai o ferro por meio do ar, o qual não é atraído, e a força do peixe, que paralisa a mão, é levada à mão mediante a rede, que não paralisa, como diz o Comentador no Livro VIII da *Física*.[122] Contudo, os corpos celestes pos-

---

120. JOÃO DAMASCENO, *De fide*, II, c. 6: PG 94, 885 A.

121. ARISTÓTELES, *De generatione et corruptione*, I, c. 6, 323a28.

122. AVERRÓIS, *Physica*, VIII, comm. 35 e 37. [Ed. Crawford, IV, 375 H e 376 H.]

suem todas as qualidades existentes nos corpos inferiores a seu modo, a saber, originalmente, e no modo em que estão neles. Por isso, também as ações dos corpos superiores não se recebem nas órbitas intermediárias de modo que essas se alterem, de modo que se alteram como as coisas inferiores.

18. Respondo dizendo que tais corpos inferiores são governados pela divina providência por corpos superiores, não de modo que a esses corpos seja comunicada a providência divina, mas porque se convertem nos instrumentos da divina providência, assim como a arte não se comunica ao martelo, que é instrumento da arte.

Artigo 10

Décimo, pergunta-se se os atos humanos são governados pela providência divina mediante os corpos celestes[123]

E parece que sim.

123. Outros lugares: *In II Sent.* d. 15, q. 1, a. 3 et d. 25, a. 2, ad 5; *CG.* III, c. 84-85 e c. 87; *STh.* I, q. 22, a. 3 et q. 115, a. 4; *In III De anima* III, lect. 4; *Lect. Super Matth.*, cap. 2; *Super Periherm.* I, lect. 14; *Super Metaph.* VI, lect. 3; *STh.* I-II, q. 9, a. 5 e II-II, q. 95, a. 5.

Argumentos

1. Com efeito, diz Damasceno[124] que os corpos celestes constituem em nós a compleição, os hábitos e disposições. Ora, os hábitos e disposições pertencem ao intelecto e à vontade, que são princípios dos atos humanos. Logo, os atos humanos são dispostos por Deus mediante os corpos celestes.

2. Além do mais, diz-se no livro *Os seis princípios*,[125] que a alma unida ao corpo imita a compleição do corpo. Ora, os corpos celestes imprimem na compleição humana. Logo, também na alma mesma. E, assim, podem ser causa dos atos humanos.

3. Além do mais, tudo o que atua no anterior atua no posterior. Ora, a essência da alma é anterior à sua potência, a saber, a vontade e o intelecto, posto que derivam da essência da alma.

---

124. JOÃO DAMASCENO, *De fide*, II, c. 7: PG 94, 893 C.

125. *Liber sex principiorum*, IV. [Ed. Minio-Paluello, p. 44-5.]

Portanto, como os corpos celestes imprimem na própria essência da alma racional (pois imprimem sobre ela segundo que é ato do corpo, que lhe convém por sua essência), parece que os corpos celestes imprimem no intelecto e na vontade. E, assim, são princípios dos atos humanos.

4. Além do mais, o instrumento não só atua por virtude própria, mas por virtude do agente principal. Ora, o corpo celeste, posto que é o motor do movimento, é instrumento espiritual da substância movente, e seu movimento não só é ato do corpo movido. Portanto, seu movimento não só atua em virtude do corpo movido, mas também em virtude do espírito que move. Ora, assim como o corpo celeste tem preeminência sobre o corpo humano, assim seu espírito é superior ao espírito humano. Logo, assim como esse movimento imprime no corpo humano dessa forma imprime na alma humana, e assim também parece que são princípios dos atos humanos.

5. Além do mais, encontra-se experimentalmente que alguns homens desde seu nascimento estão dispostos a aprender ou a exercitar alguns ofícios, alguns a serem artesãos, outros a serem médicos e assim com outros. E isso não pode ser reduzido como a sua causa aos princípios próximos da geração, porque, às vezes, os filhos se encontram dispostos a certos ofícios aos que seus pais não estavam inclinados. Portanto, é necessário que essa diversidade de disposições se reduza como a sua causa aos corpos celestes. Ora, não se pode dizer que tais disposições estejam nas almas mediantes os corpos, porque as qualidades corpóreas não atuam sobre essas inclinações como atuam sobre a ira, a alegria, e outras paixões semelhantes. Logo, os corpos celestes imprimem de modo direto e imediato sobre as almas humanas. E, assim, os atos humanos são dispostos mediante os corpos celestes.

6. Além do mais, nos atos humanos alguns parecem ter preeminência, a saber, reinar, dirigir guerras, e outras coisas semelhantes. Ora, assim como diz Isaac no Livro I do *Sobre as definições*,[126] *Deus fez com que o céu impere sobre os reinos e sobre as guerras*. Logo, com maior razão os outros atos humanos são dispostos mediante os corpos celestes.

7. Além do mais, é mais fácil transportar uma parte do que o todo. Ora, às vezes, toda multidão de uma região é movida a guerrear pela força dos corpos celestes, como dizem os filósofos.[127] Logo, com maior razão é movido pela força dos corpos celestes um homem particular.

Ao contrário

1. É o que diz Damasceno[128] no Livro II: *nossos atos jamais são causados por eles*, a saber, os corpos celestes; *pois feitos com livre-arbítrio pelo criador, somos senhores de nossos atos.*

2. Além do mais, isso mesmo confirma o que determina Agostinho no Livro V da *Cidade de Deus*,[129] e no fim do *Comentário literal do Gênesis*,[130] e o que determina Gregório em sua *Homilia da Epifania.*[131]

---

126. ISAAC ISRAELI, *Liber de definitionibus*. [Ed. J. T. Muckle. In: AHDLMA, 11 (1937-1938), p. 317 e 336.]

127. Cfr. PTOLOMAEUS, *Quadripartitum*, tr. 2, c. 8. [Ed. Venetiis, 1493, fol. 44a.]; PSEUDO-ARISTÓTELES, *De causis prop. elem*. Cap. 1. [Ed. AVERROES VII, 107.]; e ALBERTO, *Super Sent*. II, d. 15, a. 5; BOAVENTURA, *Super Sent*. II, d. 14, p. II, a. 2, q. 3, arg. 2.

128. JOÃO DAMASCENO, *De fide*, II, c. 7: PG 94, 893 A.

129. AGOSTINHO, *De civitate Dei*, V, c. 9: PL 41, 151.

130. AGOSTINHO, *Super Genesim ad litteram*, c. 17: PL 34, 278.

131. GREGÓRIO, *In Evang*. I, hom. 10, n. 5: PL 76, 1.112.

Respondo

Respondo dizendo que para evidência dessa questão, é necessário saber o que se quer dizer com os atos humanos. Com efeito, dizem-se propriamente atos humanos aqueles dos quais o homem é senhor, e o homem é senhor de seus atos por vontade ou por livre-arbítrio. Por isso, essa questão versa sobre os atos da vontade e do livre-arbítrio. Com efeito, os atos que existem no homem não subjacentes ao império da vontade, como os atos da potência nutritiva e gerativa, estão sujeitos às forças celestes como também os outros atos corporais.

No entanto, houve muitos erros com relação aos referidos atos humanos. Com efeito, alguns estabeleceram que os atos humanos não pertenciam à divina providência, nem poderiam ser reduzidos a alguma causa, a não ser na nossa providência. E essa posição parece que foi de Cícero, como diz Agostinho no Livro V da *Cidade de Deus.*[132] Mas isso não pode ser. Pois a vontade é um motor que move, como é provado no Livro III do *Sobre a alma*,[133] por isso é necessário que seu ato seja reduzido a um primeiro princípio que seja motor não movido. E, por isso, alguns reduziram todos os atos da vontade aos corpos celestes, estabelecendo que os sentidos e o intelecto eram o mesmo em nós e, por consequente, todas as forças da alma eram corporais e, assim, estavam sujeitas às ações dos corpos celestes. Ora, o Filósofo refutou essa postura no Livro III do *Sobre a alma*,[134] mostrando que o intelecto é uma capacidade imaterial, e que sua ação não é corporal. E tal como se diz no Livro XVI do *Sobre a geração dos animais*,[135] *as ações cujos princípios se produzem sem o corpo devem ser princípios incorpóreos*. Por isso, não pode ser que as ações do intelecto e da vontade, falando por si, sejam re-

132. AGOSTINHO, *De civitade Dei*, V, c. 9: PL 41, 148.

133. ARISTÓTELES, *De anima*, III, c. 15, 433b16.

134. ARISTÓTELES, *De anima*, III, c. 7, 429a24.

135. ARISTÓTELES, *De generatione animalium*, II, c. 3, 736b27.

duzidas a princípios corpóreos. E, por isso, Avicena sustentou em sua *Metafísica*[136] que assim como o homem é composto de alma e corpo, assim também ocorre com o corpo celeste, e assim como as ações do corpo humano e do movimento se reduzem aos corpos celestes, assim todas as ações da alma se reduzem às almas celestes como nos princípios, de maneira que toda vontade que está em nós é causada pela vontade da alma celeste. E isso certamente pode ser adequado segundo a sua opinião que ele tem sobre o fim do homem, que defende o ser na conjugação da alma humana com a alma celeste ou com a inteligência. Com efeito, como a perfeição da vontade é fim e bem, que é seu objeto, como o visível é objeto da visão, é necessário que aquele que atua sobre a vontade tenha também razão de fim, porque o eficiente não atua a não ser segundo que imprime sua forma em algo suscetível de recebê-la. Contudo, segundo a doutrina da fé, Deus mesmo é de modo imediato o fim da vida humana, pois desfrutando de sua visão seremos beatificados. E, por isso, apenas Ele pode atuar sobre nossa vontade.

No entanto, é necessário que a ordem dos seres móveis corresponda à ordem dos seres capazes de mover. Contudo, na ordem ao fim, ao que se refere à providência, o primeiro que se encontra em nós é a vontade, a qual pertence em primeiro lugar à razão de bem e de fim, e que utiliza tudo o que há em nós como instrumentos para a consecução do fim, ainda que em outro sentido o intelecto preceda a vontade. No entanto, o intelecto certamente é mais próximo da vontade, e as forças corporais são mais afastadas. E, por isso, o próprio Deus, que é absolutamente o primeiro providente, imprime só em nossa vontade. Contudo, o anjo, que Lhe segue na ordem das causas, imprime no nosso intelecto, na medida em que pelos anjos somos iluminados, purificados e aperfeiçoados, como diz Dionísio.[137] Mas os corpos,

136. AVICENA, *Metafísica*, X, c. 1, fol. 108r. [Venetiis, 1508.]

137. PSEUDO-DIONÍSIO, *De caelesti hierarchia*, c. 4, §4: PG 3, 181 B.

que são agentes inferiores, podem imprimir nas capacidades sensíveis, e nas demais faculdades orgânicas. Contudo, na medida em que o movimento de uma potência da alma redunda em outra, ocorre que a impressão do corpo celeste redunda no intelecto como por acidente e, ulteriormente, na vontade. E, de modo semelhante, a impressão do anjo sobre o intelecto redunda por acidente sobre a vontade. Mas, quanto ao que se refere a isso, é diversa a disposição do intelecto e da vontade com relação às faculdades sensitivas, pois o nosso intelecto é movido de modo natural pela faculdade sensitiva apreensiva, ao modo pelo qual o objeto move a potência, porque o fantasma se relaciona com o intelecto possível como a cor se relaciona com a visão, como se diz no Livro III do *Sobre a alma*.[138] E, por isso, perturbada a faculdade sensitiva interior, necessariamente é perturbado o intelecto, como vemos que, lesionado o órgão da imaginação, necessariamente se impede a ação do intelecto. E, segundo esse modo, a ação e a impressão do corpo celeste podem redundar no intelecto quase por via de necessidade, de modo acidental como é por si nos corpos. E digo por necessidade, a não ser que haja uma disposição contrária por parte do ser móvel, como o apetite sensitivo não move de modo natural a vontade, mas o inverso, porque o apetite superior move o apetite inferior como uma esfera move a outra esfera, como se diz no Livro III do *Sobre a alma*[139]. E, por maior que seja a perturbação que sofra o apetite inferior por alguma paixão, como a ira ou a concupiscência, não é necessário que a vontade seja perturbada, pelo contrário, possui a capacidade de repelir tal perturbação, como se diz em Gn 4,7: *sobre ti está teu apetite*.[140] E, por isso, dos corpos celestes não se

138. ARISTÓTELES, *De anima*, III, c. 12, 431a14.

139. ARISTÓTELES, *De anima*, III, c. 11, 434a13.

140. Neste caso, não utilizamos a tradução da Bíblia de Jerusalém. Optamos por traduzir conforme o texto latino usado por Tomás, para melhor compreensão do seu argumento.

induz alguma necessidade nos atos humanos nem por parte dos receptores, nem por parte dos que atuam, mas somente uma inclinação, que a vontade pode também repelir por uma virtude adquirida ou uma virtude infusa.

Respostas aos argumentos

1. Respondo, portanto, dizendo que Damasceno se refere às disposições e aos hábitos corporais.

2. Respondo dizendo que, assim como fica evidente pelo dito, a alma não segue de modo necessário a disposição do corpo pelo que se refere ao ato da vontade, mas da compleição do corpo procede somente uma inclinação às coisas que são próprias da vontade.

3. Respondo dizendo que esse argumento procederia retamente se o corpo celeste pudesse imprimir, por si, na essência da alma. Mas a impressão do corpo celeste não alcança a essência da alma, a não ser por acidente, a saber, por meio da mudança do corpo, da qual a alma mesma é ato. Ora, a vontade não procede da essência da alma segundo que está unida ao corpo. Logo, o argumento não se segue.

4. Respondo dizendo que o instrumento de um agente espiritual não atua segundo a força espiritual, a não ser por isso que atua segundo a força corporal. No entanto, segundo a força corporal o corpo celeste não pode atuar, a não ser no corpo. E, por isso, também a ação que é segundo a virtude espiritual não pode se estender à alma, a não ser por acidente, a saber, mediante o corpo. Mas sua ação chega ao corpo de ambos os modos. De fato, pela força corporal move as qualidades elementares, a saber, o cálido e o frio e outras coisas semelhantes. Mas pela força espiritual move à espécie e aos efeitos consequentes a toda espécie, que não podem ser reduzidos às qualidades elementares.

5. Respondo dizendo que nesses corpos há algum efeito derivado dos corpos celestes não causado pelo cálido e o frio, como o ímã e o ferro. E, por esse modo, no corpo humano resta uma disposição do corpo celeste pela qual sucede que a alma unida a ele se inclina a este ou àquele ofício.

6. Respondo dizendo que as palavras de Isaac, para que sejam aceitáveis, devem ser entendidas apenas segundo a inclinação, do modo dito antes.

7. Respondo dizendo que a multidão, em sua maior parte, segue as inclinações naturais, enquanto a multidão dos homens tenta comprazer com as paixões. Mas os sábios superam pela razão as paixões e as inclinações. E, por isso, é mais provável que as pessoas atuem sobre aquilo ao que inclina o corpo celeste do que um indivíduo superar, alguma vez, pela razão, a referida inclinação. E, de modo semelhante, se houvesse uma multidão de homens coléricos, não facilmente ocorreria que não fossem movidos à ira, ainda que um só pudesse com mais facilidade não incorrer nela.

GRÁFICA PAYM
Tel. [11] 4392-3344
paym@graficapaym.com.br